高校财务管理与会计理论应用

栾泽沛 刘芳菲 于瑞杰 著

中国商务出版社
CHINA COMMERCE AND TRADE PRESS

图书在版编目（CIP）数据

高校财务管理与会计理论应用 / 栾泽沛，刘芳菲，于瑞杰著 . -- 北京 : 中国商务出版社 , 2021.9（2023.3重印）

ISBN 978-7-5103-3805-2

Ⅰ . ①高… Ⅱ . ①栾… ②刘… ③于… Ⅲ . ①高等学校－财务管理－研究－中国 Ⅳ . ① G647.5

中国版本图书馆 CIP 数据核字（2021）第 203308 号

高校财务管理与会计理论应用
GAOXIAO CAIWU GUANLI YU KUAIJI LILUN YINGYONG
栾泽沛　刘芳菲　于瑞杰　著

出　　　版：	中国商务出版社	
地　　　址：	北京市东城区安定门外大街东后巷 28 号	邮编：　100710
责任部门：	教育事业部（010-64283818　　gmxhksb@163.com）	
责任编辑：	刘姝辰	
总 发 行：	中国商务出版社发行部（010-64208388　64515150）	
网购零售：	中国商务出版社考培部（010-64286917）	
网　　　址：	http://www.cctpress.com	
网　　　店：	https://shop162373850.taobao.com/	
邮　　　箱：	cctp6@cctpress.com	
印　　　刷：	河北赛文印刷有限公司	
开　　　本：	787 毫米 ×1092 毫米　1/16	
印　　　张：	10.5　　　　　　　字　数：223 千字	
版　　　次：	2021 年 9 月第 1 版　　　印　次：2023 年 3 月第 2 次印刷	
书　　　号：	ISBN 978-7-5103-3805-2	
定　　　价：	50.00 元	

前　言

　　财务管理是高校管理工作中的核心部分之一，不仅承担着为高校筹集、分配资金的重要任务，同时还必须对高校资金进行核算、监督、考核等，其对教学科研内涵及外延建设和发展起着直接的影响。随着高校办学规模的不断扩大，经济活动日益复杂，经费供求矛盾更加突出，资金来源与运用呈现多元化，因此，高校财务面临着更多的问题，而研究我国高校财务管理的相关问题，对高校稳定发展、对我国教育事业建设和社会人才培养都具有重要的意义。

　　鉴于此，笔者撰写了《高校财务管理与会计理论应用》一书，在内容编排上共设置六章：第一章作为本书论述的基础和前提，主要阐释我国高校财政政策概况、现代财务与高校财务概述、高校理财环境的变化与应对策略；第二章是高校财务风险与预算管理，内容包括高校财务风险概述、高校财务风险预警指标、高校预算管理、高校预算管理的改进；第三章分析高校效益与成本管理及绩效控制，内容涉及效益与成本概述、高等教育成本控制、绩效评估控制、高校审计绩效评估指标体系控制；第四、五章分别对高校财务管理创新、高校会计理论的相关内容进行论述；第六章突出实践性，围绕高校会计人员管理、高校成本应用、会计在高校应用中的难点进行研究。

　　全书结构科学、论述清晰，理论与实践相结合，以高校财务管理的特点、基本体系和主要内容为主线，分析高校财务管理与会计理论的相关内容，力求提升高校科学有效的管理手段，促进高校管理的科学化。

　　笔者在撰写本书的过程中，得到了许多专家学者的帮助和指导，在此表示诚挚的谢意。由于笔者水平有限，加之时间仓促，书中所涉及的内容难免有疏漏之处，希望各位读者多提宝贵意见，以便笔者进一步修改，使之更加完善。

目 录

第一章　高校财务管理现状

第一节　我国高校财政政策概况

高校财政政策最为核心的问题主要有两个方面：一是高校财政的来源；二是高校财政的支出。

一、我国高校财政的来源

（一）高校财政来源根据"所属"确定

中华人民共和国成立以后实行高度集中的计划经济体制，中央按行业设置了许多相应的管理部门。为培养自己所需的人才，各管理部门设立了为本部门服务的高校，如中国铁路总公司（原铁道部）设立的交通大学和铁道学院等，根据行业发展计划培养所需要的人才。作为省级单位的地方政府，一方面按属地原则将建立于本地域内的部分高校划属本省（地）管理；另一方面按本地发展需要设立了其他地方的高校。这样，就形成了"中央直接经办和垄断高等教育，中央各部门所属和地方所属的高校并存，中央各部门和地方政府分别承办和管理高等教育"的格局。其中，中央各部门所属的高校称为"条"，地方所属的高校称为"块"。在这一管理体制下，管理者分别为自己所管辖的高等教育进行投资，不收学费，而且还提供大量助学金用于困难学生生活和书籍费用的补贴。教育经费列入国家预算，实行统一领导，中央、省（直辖市、自治区）、市、县分级管理，高校财政来源比较单一；毕业生的流向也相应较简单，或者进入了"对口行业"，或者在相应地区进行工作。同时，这些高校也分别向自己的主管部门提出科研计划，接受科研经费，进行相应的科学研究服务。

条块分割的高等教育管理体制，与当时的计划经济体制相适应，一方面，为各行业和地区培养了大量人才，进行了极富针对性的科学研究，促进了行业和地区经济社会的发展；另一方面，其弊端也比较明显，如学校缺少办学自主权，部门分割、重复建设和效益较低等一系列问题也随之而来。

（二）省级政府投资高校教育责任重大

根据《中华人民共和国教育法》《国务院关于〈中国教育改革与发展纲要〉的实施意见》《中华人民共和国高等教育法》以及《中共中央国务院关于深化教育改革，全面推进素质教育的决定》等法律、法规和文件的精神，并按照"共建、调整、合作、合并"的方式，对高等教育管理体制进行改革，改革的主要目标是"由中央和省两级管理，以省统筹为主"，改革的重点牵涉高校布局及结构、中央与地方的职责分工、政府与学校的关系、事权与财权的划分等对中国高等教育发展有全局性影响的问题。

经过改革与调整，除中央所属部门高校外，中国高校形成了"中央和省级人民政府两级管理、以省级人民政府管理为主"的新体制，其中省级政府可以宏观调控和管理全省高等教育的规模、结构、布局，合理配置教育资源。另外，经过高教管理体制改革和布局结构调整，逐步解决了高校办学中存在的突出问题，调动了各地政府办学的积极性，实现了资源优化，扩大了规模，提高了质量和效益，增强了实力，高等学校的办学自主权也有所扩大，促进了高等教育的改革发展。两级管理是以省为主的管理体制，其主要特点有两方面：一是政府主导；二是根据事权与财权相统一的原则，高等教育财政资源配置位置中心下移，即在保障和促进高等教育发展方面，由省级政府承担更多的财政责任。

高等教育的财政管理体制与中国的财政管理体制也密切相关。中国于1994年实行了中央和地方的财政分税制，即通过明确政府间的职责、硬化地方财政的预算约束进行适当的财政分权。财政分权的实质在于中央政府和地方政府间职责和权力范围的划分，以避免信息的不对称，从而促进资源的更有效配置和社会福利的最大化。建立分税制的财政分权体制，在教育投入上调动了地方政府的积极性，推动了高等教育的持续、健康、快速发展。

（三）我国高校教育成本的分担形成

在各地政府重视教育投资的同时，中国高等教育财政来源也日趋多样化，这除了与中国多种所有制经济共同发展的经济体制相适应外，还主要与中国国民收入分配格局发生了变化、政府财政收入在国民生产总值中的比例相对减少以及家庭和企业所占的份额相对增加有极大关系。我国的高校教育经费来源的渠道由单一渠道转向多种渠道，包括财政补助收入、事业收入、上级补助收入、附属单位上缴收入、经营收入和其他收入。

与高校财政来源多样化相伴的一个概念是教育成本分担（Cost Sharing）。按"谁受益谁负担"的市场经济原则，举办高等教育的政府（国家）、学生（家庭）、社会各界均成为成本分担的主体。根据世界银行20世纪60年代以来对教育收益率的分析，高等教育的个人收益率高于社会收益率，而且即使随着经济的发展、办学规模的扩大，高等教育个人收益率的下降依然是最缓慢的。当然，除此以外，高等教育还为个人带来社会地位、健康状况等多方面的效应。美国教育经济学家布鲁斯·约翰斯通（D.Bruce Johnstone）提出的高等教育成本分担理论则为高等教育成本分担提供了理论基础。在中国高等教育成本分担的诸多主体中，学生（家庭）所占的比例不断增加，成为除政府财政来源之外的主要高等教育财政来源。

二、我国高校财政的支出

（一）我国高校教育财政投入体制的形成

中华人民共和国成立后，与统一的计划经济体制相适应的高等教育经费投入的基本特征是由举办者负责筹措和管理经费的财政投入体制。改革开放后，高等教育经费多元化的投入体制逐步形成。20世纪初，中央和省级政府两级管理、以省级政府管理为主的高等教育管理体制基本形成。

1. 统一财政分级管理

1949—1979年，在计划经济体制框架下实行统一的财政体制。中国少数高校由教育部直接领导，部分高校由地方政府管理，大多数高校由中央各部委管理。高等教育的财政投入体制大致可以分为以下四个发展阶段：

（1）统收、统支阶段（中华人民共和国成立之初）：对教育经费实行统包，按照中央、大行政区和省三级管理，办学经费根据其管理关系由中央和地方分别安排。

（2）统一领导、分级管理阶段（1953—1957年）：全国财政划分为中央、省和县（市）三级财政管理，教育经费列入国家预算实行统一领导，地方根据需要上报并最终由中央平衡。

（3）条块结合、以块为主阶段（1958—1966年）：各级人民政府财政部门在编制经费预算和核定下级经费预算时与同级教育部门协商拟订，在下达经费预算时将教育经费单列。

（4）财政单列、"戴帽"下达阶段（1966—1979年）：教育经费单独列出，教育经费由中央财政统一"戴帽"下达，上级部门将经费直接指标分配给下级部门。

2. 分级财政分级管理

1980年，中国的财政管理体制发生了本质变化，开始实行分级财政分级管理的体制，即由中央统一的财政体制改为中央和地方分级管理。除教育部所属高校的经费仍由中央政府直接负责外，各省、市地方高校所需经费由各省级政府负责。这样可以根据事权与财权相统一的原则，做到高等教育财政资源配置下移，即在保障和促进高等教育发展方面，由省级政府承担更多的财政责任。

（1）财政切块、分级负责阶段（1980—1994年）：高等院校的教育事业经费由中央和地方两级财政各自切块安排，分级负责。

（2）分税制阶段（1994年至今）：国家开始实行分税制，明确划分中央和地方收入与支出，明确了各级政府在教育投资方面的责任，强调了各级政府对教育投入的责任和义务，保障了高等教育的持续、健康、快速发展。

（二）我国高等教育财政拨款模式分析

我国高等教育财政拨款模式先后经历了"基数＋发展"和"综合定额＋专项补助"两个阶段。

1."基数＋发展"的拨款模式

该拨付模式以定员定额为基础，即按照机构规模的大小或事业的需要确定人员编制、房屋和设备标准等指标，以其上年经费所得额为基数确定当年的经费分配额。但由于它以上年的支出结果为依据，并不以合理的成本分析为基础，会导致单位成本越高的学校获得经费越多，因此，不利于学校进行成本控制和提高经费的使用效率。

2."综合定额＋专项补助"的拨款模式

高等学校年度教育事业经费预算，由主管部门按照不同科类、不同层次学生的需要和学校所在地区的不同情况，结合国家财力的可能，按"综合定额加专项补助"的办法进行核定。与之相应的，省属高校的财政拨款标准公式也大致相同。以标准普通本、专科生人数为主要拨款依据，并引进体现基本办学条件要求的生师比、生均教学行政用房、生均教学科研仪器设备值、生均图书、具有研究生学位教师占专任教师的比例五个调控参数，以期使高校积极改善办学条件，扩大办学规模，提高办学效益和办学质量。

"综合定额＋专项补助"拨款模式的设计原理是将高校正常运营支出平均分摊到每个学生身上，按照学生在校人数进行补助。这种模式与"基数＋发展"模式相比是一种进步，体现公式拨款法的优点。该模式基于对高校的初步成本分析，从一定程度上反映了高校的成本运行规律，在透明性和公正性方面均有明显进步。但是，这一模式在实施过程中也存在种种不足，具体表现在以下方面：

第一，单一公式拨款方式无法真实、准确地反映高等教育成本的变化规律，在教育资源较为有限的情况下，微观办学主体会产生低水平的不正当竞争行为。同时，因其仅以学生数作为单一的政策参数，忽略了拨款机制的多目标要求，不能体现多政策参数对高校办学行为的多重激励作用。

第二，"综合定额＋专项补助"拨款模式只考虑招生人数，不考虑实际培养成本、效益回报和高校学科专业特色，因此，无法有效地实现政府拨款作为对高等教育发展宏观调控、实现政策目标的主要经济手段的功能，也不利于调动高校在投资日趋多元化的时代主动获取其他资源的积极性，甚至有可能使高校陷入无限扩大招生规模的循环。

由于两种财政拨款模式均不尽合理，近年来财政部门也在寻求科学的拨款模式，并在现有拨款模式中引入公平与效率的原则，其目的是对财政资金使用的全过程进行监督，特别是做到事前监督。

20世纪90年代以后，中央财政增加了对高等教育的专项资金投入。为了切实发挥教育专项资金的宏观调控功能，原国家教委对专项资金实行项目管理。对项目的立项、论证与评估、执行和监督等全过程进行管理与跟踪，项目结束后通过中介评估机构对投入资金的使用方进行项目使用评估，有力地促进了资金效益目标的实现，包括"211"和"985"项目都采用此形式的拨款。

第二节　现代财务与高校财务概述

一、现代财务概述

要深入探讨高校财务，必须对财务与会计的内涵、外延及其渊源有一个清晰的认识。财务的基本职能是由财务本质决定的最基本的财务功能，只有从财务基本职能开始对财务职能的研究才不会出现像以往从财务管理内容、财务管理环节来研究财务职能的情况。

（一）现代财务中会计的职能与分类

从不同角度分析会计，可对会计本质得出不同的认识。可概括为：会计是反映和监督物质生产过程的一种方法，是经济管理的工具之一；会计是一个收集、处理和输送有用经济信息的信息系统；会计是通过收集、加工和利用经济信息，以价值活动为对象的经济管理活动。早期的会计包括审计。习惯上，对担任会计工作的专业人员简称为会计，有时把会计作为会计学的同义词。另外，会计是以货币为主要计量单位，运用专业方法，对会计主体经济交易或经济事项进行连续、系统、全面、综合的核算和监督，并参与预测、决策以提供有用会计信息的一种经济管理活动或者经济管理系统。

1. 会计的主要职能

我国会计理论界对于会计职能的讨论主要有以下观点：①反映说；②"反映和监督说"或"反映和控制说"；③反映、监督和促进说；④反映、控制、监督和分析说；⑤反映、控制、评价、预测和决策支持说；⑥反映、分析、核算、监督、预测及参与决策说。

现代会计的主要职能有以下方面：

（1）会计核算。会计核算（记账、算账、报账）也称为反映职能，即通过确认、计量、记录、计算、报告，从数量上连续、系统、全面、综合地反映会计主体已经发生或完成的经济活动。这既是会计最基本的职能，也是传统会计的主要职能。为正确、完整地理解会计核算，需要把握以下内容：

1）三大会计资料：①会计凭证，包括原始凭证和记账凭证；②会计账簿，包括总账、明细账（含日记账）与备查账；③财务会计报告，又称财务报告，包括会计报表及其附注和其他应当在财务报告中披露的相关信息和资料，其中，会计报表至少包括资产负债表、利润表（收入支出表）和现金流量表等。

2）四个基本程序和方法：①确认，指会计数据进入会计系统进行记录和报告的程序，主要解决是否进入、何时进入以及按怎样的金额进入会计的视野，包括初始确认、后续确认和终止确认；②计量，主要解决计量单位和计量属性的问题，具体是指货币计价和成本计算；③记录，主要用借贷记账法通过设置账户、填制凭证和登记账簿完成；④报告，主要是三大会计报表。

3）五种计量属性：①历史成本；②重置成本即现行成本；③可变现净值即预期脱手价值；④现值即未来现金流量的现值（并非计量属性）；⑤公允价值，指在公平交易中，熟悉情况的双方，自愿计量的结果。在可操作时，一般以现行市价即脱手价值确定，在不可操作时，则在双方自愿下，一般用现值技术确定。

（2）会计监督。会计监督也称为控制职能，是指利用价值指标对经济交易或经济事项进行合法性、合理性和有效性审查。会计监督具有以下特点：

1）会计是对经济活动全过程进行监督。会计的监督职能，主要是利用货币作为主要计量单位对各单位的经济活动的全过程进行事前监督、事中监督和事后监督相结合的全面的监察和督促。其中，事前监督是指经济活动发生之前，对经济活动的计划和方案的合理性及经济活动的合法性进行审查；事中监督是指在经济活动发生时，审查各项经济活动的合法性、合规性和合理性；事后监督是指在经济活动发生后，利用会计信息对经济活动进行的事后检查、分析和评价。

2）会计主要利用货币计价进行监督。各单位经济业务是多种多样的，为了更好地完成会计监督职能，会计主要以货币为主要度量单位，通过一系列价值指标的核算，综合反映经济活动的过程和结果。同时，还可以事先制订一些价值指标，控制有关经济活动，从而达到控制和监督其经济活动的目的。会计监督，除了利用货币度量进行监督以外，还应进行实物监督，并定期进行清查盘点，检查账实是否相符以监督财产物资的安全完整。

3）会计监督应以单位内部的监督为主。会计监督分为外部监督和内部监督。外部监督主要通过政府财政等部门机构，对各单位的经济活动实行有效的监督，但外部监督形式不是会计监督的主要形式。内部监督是指单位内部的监督，它能够对经济活动全过程进行完整和连续的监督，这是外部监督无法替代的。因此，会计监督必须以内部监督为主，且内部监督是外部监督的基础。

（3）参与预测、决策。参与预测、决策也称为管理职能，包括预测经济前景、参与经济决策和评价经济业绩等。这是现代会计与传统会计的主要区别。从企业经营看，随着我国统一开放、竞争有序的市场体系形成，各种市场机制的调节作用得以充分发挥。企业作为市场经济运行的主体，其经营过程及结果等无疑要受到这些机制的调节和约束。对于任何企业，要想在激烈的市场竞争中立于不败之地并实现经营目标，必须不断优化经营管理、提高产品质量、降低劳动耗费。为适应这一要求，会计除及时提供完整、可靠的核算信息外，还要充分发挥其对经营的预测、决策职能。简而言之，会计应在做好核算的同时，参与市场调研，广泛收集环境信息，并根据这些信息，运用特定方法，对市场供求趋势、价格变化趋势等进行合理预测，提出优化企业生产经营的备选方案。在此基础上，运用现代决策方法，对各备选方案的经济性、周期性进行分析论证，编制财务会计报告，为企业生产经营决策提供可靠依据，为企业管理提供多方面服务。

2. 会计的基本分类

（1）按内容划分。现代会计按其内容可划分为两个方面：第一，财务会计是会计人员以货币作为主要计量单位，通过确认、计量、记录、报告等方式，主要为企业外部有关方面提供企业过去和现在的财务状况、经营成果以及现金流量情况等信息的一种经济管理活动。第二，管理会计则侧重于为企业内部经营管理服务，采用灵活而多样的方法和手段，为企业管理部门正确地进行最优化管理决策提供有用的资料。财务会计和管理会计的主要区别如下：

1）工作的侧重点不同。财务会计的侧重点在于向企业外界具有经济利害关系的团体、个人报告企业的财务状况与经营成果，其具体目标主要为企业外界服务，财务会计又可称为"外部会计"。管理会计的侧重点在于针对企业经营管理遇到的特定问题进行分析研究，以便向企业内部各级管理人员提供预测决策和控制考核所需要的信息资料，其具体目标主要为企业内部管理服务，管理会计又可称为"内部会计"。

2）工作主体的层次不同。财务会计的工作主体往往只有一个层次，即主要以整个企业为工作主体，从而能够适应财务会计所特别强调的完整反映监督整个经济过程的要求，并且不能遗漏会计主体的任何会计要素；而管理会计的工作主体可分为多层次，它既可以是整个企业的主体，又可以将企业内部的局部区域或个别部门甚至某一管理环节作为工作的主体。

3）信息取向与时效性不同。财务会计主要在于反映过去，因此，财务会计实质上属于"报账型会计"，又称"传统会计"。管理会计的作用时效不仅在于过去，还面向未来，因此，管理会计实质上属于"用账型会计"，又称"决策会计"。

（2）按会计主体性质划分。现代会计按会计主体性质可划分为企业会计和预算会计，该种分类与提供产品的分类以及会计组成关系如下：

1）企业会计：私人物品—全额付费—企业提供。

2）预算会计（即政府及非营利组织会计）：公共物品—纯公共物品—不付费—政府提供—政府会计（包括财政总预算会计和行政单位会计）—准公共物品—部分付费—非营利组织提供—非营利组织会计（包括各类事业单位会计）。

从以上可以看出，我国政府及非营利组织会计的组成体系分为三个部分：一是财政总预算会计；二是行政单位会计；三是各类事业单位会计。其中，事业单位会计具体又分为科学事业单位会计、高校会计、中小学校会计、医院会计和文化事业单位会计。

（二）财务与会计的关系

在学术界，针对财务与会计之间关系的探讨，经历了"大财务"观点、"大会计"观点和"财务与会计并行"观点三个阶段，三种观点的相同之处是都承认财务管理与会计不是一回事，但是两者是包含关系还是并列关系。在实践中，一般提到财务时是指"大财务"观点，即包括财务会计与财务管理；一般提到会计时是指"大会计"观点，也包括财务会计与财务管理。在实际工作中，虽然人们通常讲的财务包含了会计，或者说通用，但是，从概念上讲，财务管理不等于会计。

1. 财务管理与财务会计的比较

有关财务管理与财务会计比较的讨论较多，主要包括如下方面：

（1）两者的对象及要素不同。财务管理是对企业财务活动及其所体现的关系进行管理，即企业资金筹集、资产营运、成本控制、收益分配、重组清算等要素；财务会计利用价值形式对企业资金运动的全过程进行反映和监督，具体体现为六大会计要素：资产、负债、所有者权益、收入、费用、利润。

（2）两者的目标及职能不同。一般而言，追求企业价值最大化是财务管理的最终目标。在"决策有用"观的背景下，财务会计的目标是向信息决策者提供有用的信息。会计的基本职能是反映和控制。财务管理是对企业的财务活动直接进行管理，主要职能有计划、组织、指挥、协调和控制。

（3）两者的方法及侧重点不同。财务管理方法主要包括财务预测、财务决策、财务计划、财务控制、财务分析和财务检查及监督等，侧重于事前的预测、决策、计划和事中的控制与监督；财务会计以设置会计科目和账户、复式记账、填制和审核凭证、登记账簿、成本计算、财产清查和编制会计报表等为主要方法，侧重于对事后经济事项进行反映和监督。

2. 财务管理与管理会计的比较

管理会计又称"内部报告会计"，包括成本会计和管理控制系统两大部分，是指以企业现在和未来的经济活动为对象，以提高经济效益为目的，以提供经营管理决策的科学依据为目标而进行的经济管理活动。财务管理是在一定的财务目标下，对资金的来源、资金的使用及耗费、资金营运以及资金收回、分配进行的管理。简而言之，财务管理是组织企业财务活动、处理财务关系的一项经济管理工作。由此可见，管理会计和财务管理既有联系又存在很大区别。

（1）财务管理与管理会计的联系。两者的研究对象均为资金运动。从管理会计与财务管理的研究对象来看，财务管理的研究对象是企业在生产过程中的资金运动，管理会计的研究对象都不可避免地与财务管理对象重合。

（2）财务管理与管理会计的区别。两者资金运动的层面不同。财务管理主要是一种实体管理。管理会计只是为财务活动的组织及财务关系的处理提供相应的信息。当投资方案确定后，管理会计人员则围绕这些方案广泛收集资料，进行预测、决策分析，并据以编制财务预算。财务管理人员负责安排预算的执行、协调、控制。

目前，管理会计的内容较多，但最终均与资金活动有关。随着市场经济的发展，财务会计已无法满足企业的需求。作为财务管理信息系统的管理会计，应将筹资、投资、资金运用、资金耗费、资金收回及资金分配活动作为其研究对象，将预测分析、决策分析、控制分析和评价分析作为其主要环节。目前管理会计的内容在系统地分析整理后均可找到适当的归属。因此，完整的现代会计体系应包括两个相互联系又相对独立的系统：一个是为外部管理服务的财务会计；另一个则是为内部管理服务的管理会计。

二、高校财务概述

高校财务，从广义上而言，指高校财务与会计（有时简称高校财会），属于事业单位会计，是预算会计的一个组成部分。作为学校财务与会计管理的职能部门，从机构名称上可以看出，学校财务处（有的设为计划财务处）承担着三大工作，即财务计划管理、财务管理和会计管理。其中，会计管理是基础，财务计划（预算）管理是关键，财务管理是重点。

（一）高校财务的内涵

高校财务是指高校在办学过程中客观存在的财务活动及其体现的经济利益关系。高校财务管理是按照国家法律法规和政策以及高校办学宗旨要求，对高校财务活动进行组织、预测、决策、计划、控制、分析和监督等一系列管理工作的总称。其基本特征是价值管理，管理的客体是高校的财务活动，管理的核心是高校财务活动所体现的各种财务关系。换言之，高校财务管理是利用价值形式对高校财务活动及其体现的财务关系进行的综合性管理工作。

根据我国教育部和财政部的意见，高校财务的工作目标为"权责明确、行为规范、管理严格、监督到位、运行有效、服务优质"。

按照我国教育部和财政部的规定，高校财务的主要任务如下：

（1）筹集资金：走"争、创、筹"的路子，充分发挥学校优势，建立稳定增长的多渠道筹措教育经费的纵横机制。在法律允许的范围内，充分利用自身的人才、技术、设施等资源优势和良好的社会影响，通过社会捐赠、盘活资产、开展合作等途径，以及校友会、基金会等多种形式，为学校发展筹集办学资金。

（2）全面加强预算控制和管理：一方面是对经费开支大户进行重点管理；另一方面是加强预算执行情况的分析，提高资金使用效益。

（3）建立健全财务管理制度和监督体系。第一，高校必须将财务管理制度建设作为一项基础性工作常抓不懈，要根据形势的变化，及时补充、修订和完善各项管理制度。当前，要重点完善内部控制制度和集体决策制度，增强自我约束机制，减少经济决策失误，避免财经违纪行为，防范财务风险，保证财经工作健康有序运行。第二，高校的财务、审计、纪检、监察等部门要相互配合，各负其责，建立完善有效的财务监督体系，共同维护学校正常的经济秩序。第三，要加强会计核算工作，对校内各单位实施定期或不定期的财务检查和会计稽核，发现问题及时纠正。第四，高校内部审计部门应充分发挥内部审计的监督作用，将学校所有经济活动纳入审计范围，重点加强经济责任审计，积极探索开展内控制度审计和绩效评价审计。第五，高校应通过"以教代会"等多种形式，全面推进财务公开，实现财务决策科学化、财务管理民主化、财务报告制度化，自觉接受师生、员工监督。

（二）高校财务报表的要求

高校财务报表是反映高校某一特定日期的财务状况和某一会计期间的收入费用及预算执行结果等会计信息的文件，包括资产负债表、收入费用表、预算收支表、基建投资表以及报表附注。财务报表分为年度财务报表和中期财务报表。短于一个完整的会计年度的期间（如半年度、季度和月度）编制的财务报表称为中期财务报表。年度财务报表是以整个会计年度为基础编制的财务报表。

财务报表要根据登记完整、核对无误的账簿记录和其他有关资料编制，做到数字真实、内容完整、报送及时。高校应当按照高校会计制度的规定提供真实、完整的财务报表，不得违反规定随意改变财务报表格式和有关数据的会计口径。财务报表必须经单位负责人、主管会计工作的负责人、会计机构负责人（会计主管人员）签名并盖章。

（三）高校财务人员分析

1. 高校财务人员的要求

（1）掌握并能运用高校财务的基本理论和基本知识。掌握并能运用高校财务的基本理论和基本知识是科学理财、依法理财的基本必备条件。以会计核算为例，主要有以下三方面的内容：

1）领会高校财务的基本假设。会计主体假设，其基本要求是严格区分会计为之服务的特定主体的经济活动和其他特定主体的经济活动的界限；持续经营假设，其基本要求是按照公认的原则和制度的要求，对学校活动进行连续的记录、计量和报告，并且会计要素的计价应当按正常的秩序、方法进行；会计分期假设，其基本要求是会计核算应当按会计期间分期结账和编表；货币计量假设，其基本要求是必须确定一种货币作为记账本位币。

2）熟练掌握高校财务信息质量基本要求。客观性，这是会计核算的最基本要求，即内容真实、数字准确、资料可靠；相关性，即有用性，能满足领导及有关管理方面的要求；可比性，既要求横向口径一致，也要求纵向的前后一致（一贯性）；及时性，要求及时收集、及时加工、及时传递；明晰性，要求简明扼要、便于理解；修正的权责发生制，即以权责发生制为核算基础，辅以收付实现制；配比，要求收入与费用在项目与期间上的一致性；专款专用；重要性，包括数量金额、性质意义。

3）熟悉并关注高校财会制度的主要内容及其政策变化。会计制度主要内容包括：资产的核算、负债（含代管款项）的核算、净资产的核算、收入（财政补助收入、上级补助收入、教育事业收入、科研事业收入、其他收入等）的核算、支出（教育事业支出、科研事业支出、其他支出等）的核算。财务制度主要内容包括：预算的管理，收入、支出和结余及其分配的管理，专用基金的管理，资产、负债的管理，财务报告和财务分析，财务监督，财务清算。

（2）具备较高的职业道德与专业素养。财务人员应具备的职业道德与专业素养如下：

1）思想政治修养和财会法制观念。财务岗位枯燥，这就需要财务人员加强自身道德修养，端正世界观、人生观和价值观，这是高校财务人员做好财务工作的前提。现在的会计不是简单地算算账、记记账、管管账的会计角色了，已越来越多地参与到学校的各项管理当中。财务人员要守法遵章、讲原则。会计职业的特点要求财务人员坚持原则，依法履行岗位职责，自觉抵制违法乱纪行为；不违法办理财务事项。

2）职业道德和诚信教育。没有对财务事业的热爱和奉献是很难做好财务工作的。根据财政部的规定，会计职业道德包括"爱岗敬业、熟悉法规、依法办事、客观公正、搞好服务、保守秘密"等。真实、公允是财务职业判断的基本准则。尤其是当法律法规无明确规定时，财务人员能够筑牢防线，自觉抵制各种利益的诱惑，并且不受权势和偏见的影响，确保通过会计职业判断所产生的财务资料能客观、公允地反映高校一定时期财务运行状况和事业发展成果。

3）职业判断和职业沟通能力。虽然财务人员不是专门的公关或营销员，但有些涉外业务活动是需要财务人员参与的，如和金融机构、审计部门、财政部门发生关系等，除将学校情况和财务状况以适当方式反映给相关部门外，还要靠财务人员的职业判断，本着诚恳的态度对相关财经政策深入理解和通俗阐述，积极配合相关部门人员，顺利完成工作任务。

2.高校财务人员的作用

（1）在工作中严格执行国家财经法律法规，充分发挥财会人员维护财经纪律的作用。财会人员应结合学校实际，建立健全财务管理制度，根据《中华人民共和国会计法》和《会计基础工作规范》的有关规定，依法有序地开展会计工作，并加强财经法律、纪律的广泛宣传。

（2）努力做好本职工作，立足岗位，发挥财会人员在财务管理中的主体作用。财会人员要立足本职，扎扎实实地做好各项财务工作；积极完成省财政厅、省教育厅布置的有关工作；努力做好年度预算、决算等各类报表编制工作；做好票据管理及非税收入收缴的日常工作；建立健全学校（单位）财产管理账目，定期核对资产账务情况；做好学校交办的其他财务事项等。

（3）加强财务分析工作，为学校领导决策提供有用的经济信息。财会人员是财政政策的贯彻执行者，承担着加强经费管理，规范会计行为，保证会计信息真实、完整的重要责任。财会人员应着力实现由传统、被动报账型向现代、主动管理型的转变，做到既会记账，更会算账、用账。财会人员要结合本职工作对会计信息加强分析，定期或不定期地向领导提出合理化建议，为领导决策当好参谋和助手，提高资金的使用效益。

（4）切实保护财会人员的合法权益。高校应加强财会人员的培养和考核，鼓励、吸引、保持优秀人才从事财务工作。高校应将财务岗位确定为重要的专业技术岗位，财务人员专业技术职务津贴与教学人员专业技术职务津贴标准一致，并将财务队伍建设纳入学校人才队伍建设的整体规划。高校应支持和尊重财会人员依法行使工作职权，对财会人员反映的有关损害国家利益、违反财经纪律等问题，要认真及时地调查处理。如果出现对财会人员坚持原则、反映情况进行刁难、阻挠，甚至打击、报复等行为，学校将会同有关部门依法对其严肃处理。

第三节 高校理财环境的变化与应对策略

随着我国市场经济体制的建立和完善、教育体制改革的不断深入与教育市场的对外开放，高校理财环境正在发生深刻变化。一方面，我国高校正处在着力提高高等教育质量，努力增强高校科技创新与服务能力的重要时期，另一方面，高等教育体制改革的目标是要通过现代大学制度的建立，逐步建立政府宏观管理、学校面向社会自主办学的新体制。高校财务工作是高校所有工作的基础，是高校提高教学质量、提升工作效能的保证，是保持高校稳定发展的关键。因此，进一步加强地方高校财务管理，尤为重要和迫切。

一、高校理财环境的变化

（一）校外理财形势的估计

（1）国家有关高校的外部形势。随着我国市场经济体制的建立和完善、教育体制改革的不断深入与教育市场的对外开放，高等教育体制改革的目标是要通过现代大学制度的建立，逐步建立政府宏观管理、学校面向社会自主办学的新体制。市场经济的竞争机制已延伸至高等教育领域的方方面面，包括学校与学校之间、学校与社会企业之间都存在着激烈的竞争。同时，随着财政体制改革的深入，按照公共财政的要求，将逐步集中财力办好重点高校的重点项目和加大对基础教育的投入。此外，多种所有制高校数量大幅增加，推动高校财务管理向国际化方向前进。

（2）高校有关发展和管理的内部形势。一方面，近年来随着高校办学规模的不断扩大，高校资金问题日渐突出、经济活动日益复杂；另一方面，建立高校的多渠道的融资体制已迫在眉睫，并且国家财政补助占高校经费总额的比例呈现逐年缩小的趋势。此外，高校发展模式正在由外延式逐步走向内涵式，这些无不表明高校财务管理的内涵与外延正在发生变化，客观上对高校财务工作提出了更高的要求。

（二）校内理财环境的变化

1. 筹资结构的不稳定性增强。例如，在学校收入结构中，学宿费收入已上升至高校收入主渠道地位，各块资金所占份额的排序为：银行贷款、学宿费收入、财政补助，这表明学校在实现规模持续扩大的同时，自我筹资能力也得到了不断加强。

2. 高校管理决策信息有用性需求趋强。一方面，高校在缓解规模扩大与内涵提升的双重压力、推进现代大学管理制度与防范财务风险有机结合的进程中，财务管理的复杂性、综合性、精细度进一步加深；另一方面，财务部门提供的财务信息，难以为高校面向未来的重大战略决策及时提供必要的信息支撑。高校面临纷繁复杂、纵横交错的校内外利益关系，亟待完善管理运行机制，对财务信息的管理决策分析需求比以往任何时候都强烈，要求财务信息从可理解性尽快向决策有用性扩展的趋势正在加快。

3. 高校债务化解压力较大。伴随着外延发展带来的繁荣，高校建设性、发展性债务规模与日俱增，有的甚至已明显超出偿债能力。现在问题的关键是，高校维持正常运转已实属不易，或者说很困难，根本考虑不了偿债，单靠学校的力量很难化解债务。教育收费具有非营利性、政策性和成本补偿性的显著特征使高校收费政策调增有限。尽管对非义务教育阶段的成本分担早已在全社会达成共识，但相关分担主体对成本分担份额意见不统一。

4. 财务管理模式转换需求加大。由于高校所处区域的经济社会发展水平不同，高校的发展将不再是相对均衡式、趋同化发展。目前有不少高校尚未步入内涵发展的轨道，尚需 2~3 年的转型期或者调整期。财务管理目标与学校发展目标是高度一致的，与学校所处的发展阶段相适应，有的高校财务管理可能会较低效与粗放，更多地注重投入和筹资；有的高校财务管理则会趋向内涵和精细，更多地讲求办学效益。由于校情不同，各校财务管理模式会存在诸多差异。从很多所在地市的高校来看，伴随着办学规模的扩大，不仅财务运行规模持续扩大，财务管理职能也在不断拓宽，财务管理战线越拉越长，财务管理边界越来越模糊。与此同时，财务管理内涵提升速度缓慢，财务管理面的拓展与点的深入长期脱节，校级财务长期处于疲于应付的状态，对一些深层次、趋势性问题缺乏前瞻性的思考和研究，财务管理模式难以及时转换。

二、高校理财管理的应对策略

高校理财环境变化的情况对高校尤其是地方高校的财务管理提出了新的问题和要求，需要高校主动应对。在新形势下，如何进一步加强地方高校财务管理工作，已成为地方高校财务人员面临的一个崭新而现实的课题。因此，加强地方高校财务管理，要正确处理好四个关系：保障事业发展与防范财务风险的关系、统管和分权的关系、财务管理与会计核算的关系以及管理与服务的关系。

（一）转变防范财务风险的理财思维

1.学校要转变发展及管理思维

学校要提高对财务的认识，尤其是领导要充分认识到高校财务工作是学校所有工作的基础，是学校提高教学质量、提升工作效能的保证，是保持高校稳定发展的关键。作为学校财务管理综合职能部门，学校财务部门不是单纯地提供后勤服务，而是整个学校教学和科研工作的保证；不是单纯地进行记账报账，而是重大经济事项决策的基础，在学校资源配置中起决定作用；不是单纯地管理经费收支，而是学校资产、资金安全的守护者。高度重视高校财务管理，既有利于完善学校的内部管理制度、降低办学成本、提高办学效率、有效降低筹资成本，又可促进学校资金运用的科学化、投资决策的民主化，也可拓展学校资金管理和运用的新思维。

2.学校财务管理要做好规划

（1）正确理解"尽力而为、量力而行"。学校财务部门在规划的制定和实施过程中要保持清晰的思路，发挥应有的作用，要充分考虑学校可能的经济实力和潜力，切实贯彻"既要尽力而为，又要量力而行"的基本原则。

"尽力而为"就是通过多方筹资、适度负债、挖掘潜力、加强管理等方面提高学校总体经济实力，尽全力支持学校的发展。这就要求财务人员在参与经济决策时，对于在风险可控下促进学校健康发展的项目加以保障，做到保障有力、服务优质。

"量力而行"就是要按照国家财经方针政策和法规的规定，在可控的范围内，合理安排学校发展所需各项支出的规模和结构，努力控制学校的财务风险，使学校事业能够健康顺利地发展，这就要求财务人员在参与经济决策时，对于超出财力且风险不可控的项目要勇于、善于说"不"，学会当"拒绝专家"。

（2）确保经济秩序正常、资金安全、财务风险可控。学校的经济秩序正常是保证高校可持续发展的前提条件之一。学校可以从机制和体制、规章制度的严格执行上狠抓落实，防范风险，做到严格"收支两条线"，把一切经济往来纳入学校财务循环中，保证教学、科研、生活的正常运行，保证资金的运行安全。同时，学校要从微观和宏观两方面采取措施，如在微观方面，以资金流向为依据，保证每个环节不出现问题，主要表现为不相容业务分离、互相制约，事前审核、事后稽核，独立对账，档案管理单向流动，不定期查库，资金调度额度负责制等。

3.学校资金管理要突出内控制度的完善

（1）学校应建立健全以内部控制为核心，以大额资金流动集体决策、常规资金支付授权审批和银行对账单财务及审计部门负责人"双签制"等为重点的资金安全管理制度，明确相关人员的责任，确保资金的安全完整。

（2）学校的重大投资（包括对校办产业投资）必须经过严格、科学的可行性论证和专家评议，经学校领导集体讨论决策。

（3）学校不得从事股票投资和其他风险性债券投资业务。

（4）学校要切实加强银行贷款管理，强化贷款风险意识，合理控制贷款规模，改善债务结构，规范贷款投向，做好还本付息计划。

（5）学校要建立健全经济合同管理制度，明确经济合同的签订权限和程序，加强经济合同管理。学校财务部门应负责经济合同的审查（有关经济条款）、登记、备案等管理工作，提供相关咨询服务，防范由合同引发的经济纠纷和财务风险。

（6）严禁学校为任何组织（含校办产业）或个人的经济活动提供担保。

（二）重视集中管理为主的财务体制

1. 增强领导与管理

按照"统一领导、集中管理"的要求，切实履行对财务的领导和管理的职责。

（1）学校要确保"五个统一"。高校必须确保学校财务规章制度、经济分配政策、经济资源配置、财务收支预算、会计核算的高度统一。

（2）学校要建立和完善"三大制度"：对重大问题集体决策制度、专家咨询制度和决策责任追究制度。具体而言，凡学校重大经济决策、重大投资（融资）项目以及大额资金使用，必须组织相关专家进行科学论证，经学校财经领导小组研究后，提交学校最高决策机构集体讨论决定。

（3）学校财务部门要发挥"三大职能"。财务部门作为负责学校财务管理的综合机构，要在校长和分管校领导的领导下，参与学校财经决策的讨论和有关规定制定工作，对学校各类经济活动实施管理、核算和监督。

2. 加强管理与监管

按照"大财务"实行委派制，切实履行对学校各级各类财务的管理与监督。

（1）积极推行委派制。高校应把二级单位的财务活动置于严格监管之下，防范违纪问题的发生。目前推行委派制的单位主要是独立核算的后勤服务中心及独立学院等。

（2）谨慎处理在探索校内二级管理改革时的财权问题。一定要维护学校财务管理和会计核算的集中统一，有效防范因财权分散导致学校经济秩序出现混乱的局面。同时，也要把利益关系朝着有利于二级单位的方向予以适当的倾斜，以支持二级单位在开展工作时有可供支配的财力资源。

（3）按照管理层次，理顺管理关系，构建多层次的经济责任体系。高校必须按照学校管理层次，分别建立各部门、各单位行政负责人的经济责任制，以及各级财务主管、财务人员的经济责任制，构建多层次的经济责任体系，将财经工作的任务和责任层层分解，落实到校内各部门、各单位直至个人。同时，按照经济责任制的要求，对因管理不善、控制不严等造成经济损失的有关人员依法追究相应责任。

（4）增强创新意识，探索建立注重效益及节约的财务运行机制。具体有如下要求：

第一，在学校内部经济管理中，可适当引入市场机制，优化资源配置，促进资源共享，提高资源利用率。但是，要注意处理好学校办学与市场的关系，尤其处理好经济关系，不能只考虑市场规律因素，也要考虑社会稳定、人才培养等方面的因素。

第二，应根据财权与事权相结合的原则，探索建立与目标、任务、绩效挂钩的资源分配机制。

第三，应合理分摊公用设施的运行成本，建立资源有偿使用的成本分担机制，减少资源浪费，降低办学成本。

第四，应严格执行国家收入分配政策，不断完善内部收入分配制度，改革收入分配管理办法，实现内部收入分配制度的科学化、规范化。

第五，应建立绩效考核和追踪问效制度，提高资金的使用效益。

（三）做到算管结合，算为管用

财务管理和会计核算是高校财务工作的两个重要组成部分。会计核算是财务管理的基础，财务管理的效果也只有通过会计核算才能得到体现。学校财务部门对此一定要有明确认识，要做到算管结合，算为管用。

1. 以预算为重点，融于算管之中

（1）财会部门应根据学校事业发展需求和综合财力水平，编制中长期财务收支计划。学校的事业发展规划必须与财务收支计划相适应。

（2）财会部门要根据"量入为出、收支平衡、积极稳妥、统筹兼顾、保证重点、勤俭节约"的原则（简称预算"二十四字"原则）编制年度财务预算。学校各项事业活动所发生的财务收支都应纳入预算管理的范围。学校执行的年度预算应与主管部门批准的部门预算在收支口径上保持一致。预算执行的责任应分解到校内各部门、各单位。预算的调整必须按规定程序进行。

（3）学校的各项支出应做到有预算安排、有支出标准、有制度依据，严禁无预算、超预算支出（简称支出的"三有二禁"）。

（4）财务部门应加强预算执行的控制与分析，提供完整、准确的财务信息，为主管部门和学校加强财务管理提供可靠依据。

2. 利用会计核算信息进行学校管理

高校会计核算要在满足政府部门要求的前提下，围绕学校各级管理层的要求开发会计信息资源，并充分利用信息化的手段提高校内会计信息提供的规范性、准确性、及时性和针对性，要引导、培养校内各级管理人员利用会计信息，从而提高决策的科学性。

财务部门要利用会计信息发现学校在资金分配和资源利用方面存在的问题和不足，尝试对内部各教学、科研单位的运行成本进行测算，并在学校资金分配和项目安排中适当体现测算的结果，引导、鼓励和支持校内各单位减少资源浪费，节约办学资金。

（四）加强规范管理服务

1.加强思想教育，增强服务意识

财会人员有了强烈的服务意识才会在日常财务工作中自觉地做出服务行为，为学院提供高质量的服务。财会人员要在其思想深处真正形成服务是学校财务工作的重要内容，从而促进其产生服务的动机，自觉地做出服务行为。

（1）高校"报账难"的主要表现。报账难可概括为"三难两烦"：第一，票据本身"不行"退回以致到处找票难；第二，程序性手续"不行"退回以致重新找领导签字难；第三，个别财务人员"神"气十足以致见到微笑难；第四，资金来源或部门间衔接问题使得屡次报不到账"烦"；第五，因强调"本本"（本制度、本部门）的多而为师生考虑得少，烦。

（2）"报账难"给学校带来的危害。高校财务人员应该高度重视"报账难"给学校带来的危害：第一，长此以往，会阻碍、制约教学和科研活动的积极开展。财务部门如果没有主动服务与监控意识，必然形成不闻不问的工作态度，势必在激烈的竞争环境中丧失许多优质资源，阻碍、制约教学和科研活动的开展，最终影响学校发展。第二，与学校目前所处的环境不符，不利于学校办学效益的提高。

（3）"报账难"的主要原因。"报账难"现象，从表面上看，是资金或程序手续的问题，从根本上看，是服务的问题（意识和水平），它与以下诸多因素有关：第一，财务机构与人员方面包括思想及服务意识问题、业务水平问题、服务方法与方式问题等；第二，财经工作本身及制度方面包括财经工作的政策性与技术性要求、财经制度本身需要完善与修订、制度体现服务理念等；第三，教职工方面包括对财经法规不熟悉、对财务工作不理解等。

2.加强业务学习，建设学习型团队

高水平的服务来自高水平的业务知识，来自娴熟的业务处理能力。财务人员一定要有吃苦耐劳的精神，不要怕做事，要珍惜每个工作机会，每一项工作都是一个学习的机会，多做才能从工作中学习新技能、新方法，才能积累丰富的工作经验，促进专业知识水平的提高。

要推进团队式的学习，提升创新的能力。学习是一个人的一种生存方式，是挖掘人的身体潜能并促进人自身全面发展的最好工具和手段。团队式的学习不仅仅是传统意义上的学知识，而是提升创新的能力。学习使团队进步，而进步就体现在能把工作做得更好，能做过去所不能做的，创造过去所不曾有的。

3.加强科学管理，增进服务效果

高等教育体制改革不断深入、学校内涵发展、管理模式不断创新，对财务工作提出了更高的要求。目前，大部分地方高校正处在财务紧张期，也是偿还债务的高峰期，更是诉讼高发期。同时，也是学校发展的转型期，不仅涉及发展方向的转型，也涉及发展方式的转型，对财务人员更新观念及提供高效的服务提出了更高的要求，也是对财务人

员的考验和挑战。

（1）做好及时服务，通过改革报账程序等实现便捷服务。在教职工报销教学、科研费用时，无论何种原因均要及时受理，不拖、不等、不推，做到该办的事坚决办，能办的事主动办，难办的事，只要合法、真实，就要想法办；不合法、不真实甚至是损害学校利益的事坚决不办。各院部报账员、教师、学生进行对账，财务人员要热情、及时、准确地提供服务；对教学单位的汇款、转账，做到及时办理，尽量减少中间环节，提高办事效率，缩短办事周期，尤其是财务人员要经常检查服务流程是否适合当前学校管理的需要，改进服务流程，减少服务环节，把可以放在事后进行的工作放在提供服务后再进行，使被服务对象等待时间减少，提高服务效率。在合法合规的条件下，帮助广大教职工办理一些相关的中间手续，节约他们的报账时间，形成快捷服务通道。同时，财务服务要梳理轻重缓急，根据实际情况，急事先办，不紧急的事后办；重要的事先办，不重要的事后办；学校外部的事先办，内部的事后办；对外服务的工作先做，自己的工作放在后面，提高服务效果，提升学校形象。

（2）贴近教学及科研，通过完善制度提供主动服务，对于不熟悉教学和科研业务的人，不能算是一位真正称职的高校财务管理工作者。财务人员要及时梳理业务流程，并设计相应的财务监控流程，以促进业务及时拓展，必须适应教学、科研业务发展的步伐，顺应业务发展的需求，而不是制约业务，业务做到哪里，财务必须跟到哪里；对新出现的业务运作模式应积极配合业务部门，及时跟进、了解，并设计业务运作流程和财务监控流程；对制度中不适应的条款，及时与业务部门沟通、修订，以促进教学、科研业务及时规范地开展。这样既可以大力支持、促进教学及科研活动积极有效地开展，提高办学效益，又可以充分发挥财务人员主动服务、积极监控，起到促使业务规范发展、减少学校管理漏洞的财务监督作用，达到"管算结合、算为管用"的目的。

（3）改进服务方式，让员工参与到服务中来。加强对各业务部门、基层单位报账人员财务基础知识的培训，经常对员工宣讲相关法规和学校财务制度规定，让他们懂得《中华人民共和国会计法》《中华人民共和国票据法》《现金管理暂行条例》《支付结算办法》及高校相关财务制度等有关规定，了解掌握报销、结算等办事程序，提高其提供原始凭证的准确率，减少票据因不合规定而被退回的情况，节约各自的时间，增进服务的效果。

4. 融监督于服务中，加强专业判断

（1）财务监督的原则性和财务服务的灵活性的关系。财务监督的原则性是要求财务人员严格执行财务制度，执行财务纪律，维护学校利益。财务服务的灵活性，就是财务人员在提供财务服务时，对照财务制度，加强专业判断，充分把握事件的实质。在把握原则的前提下，财务人员具体情况具体分析，做到既不失掉原则性，又能保证提供灵活、及时的服务。原则性在财务管理中占主导地位，灵活性不能影响原则性，这是基本的要求。

（2）坚持原则性和灵活性的统一对财务人员的要求。坚持原则性和灵活性的统一是财会人员的目标。财会人员要达到这一点，一定要加强学习和培训，加强对财务制度的熟悉、研究，以学校利益最优化为判断标准，利用专业知识进行正确的、专业的判断，把握事件本身的实质，做到既讲原则，又兼顾灵活，努力把握好原则与灵活的尺度。在实际工作中，尤其要做到既不随便说"不"，又不轻易言"行"；既要防止态度上的应付，又要避免方法上的简单。

（3）端正心态，加强沟通，取得谅解。这是由财务工作特性所决定的。财务部门是学校财务把关的职能部门。学校教学、科研、管理活动的结果最终在财务上反映，任何部门的一些问题最终都体现在财务上，都与财务监督、财务服务有关系，都会关联到财务部门的责任。财务工作是大量重复的工作，稍不注意就会出现差错。

财务核算工作有集中性。尤其在月末和月初工作量比较大，财务人员有时难免会造成服务不周全导致监督工作的不细致，但只要出于"公心"，坚持原则，热情服务，秉公办事，积极与各部门沟通，就会得到他们的理解和支持。学校教学活动是财务核算工作的基础，做好财务服务和财务监督工作非常重要，既要严格监督、把好关，又要尽职尽责地为业务提供优质的服务。

5. 坚持勤俭办学思想，建设节约型校园

（1）创建节约型校园对高校的发展建设具有重要的意义。高校工作者要发扬艰苦奋斗、勤俭节约的优良传统，以降低学校运行成本为目标，强化节约意识，建设节约文化，引导和规范在校人员勤俭节约，形成节约的良好习惯。学校要培养以成本核算为基础，以提高资源利用率为核心，以节能、节水、节材、节地和资源综合利用为重点的建设节约型校园新观念、新精神。

（2）让节约意识深入人心，让节约行为到处可见。学校要在招待客人、购车养车、购置物品、会议办公等各方面实行节约，要从决策、管理到基建、后勤、行政事务、实验室设备、房产等各层面各系统实行节约。要采取有效措施，大力加强资源的节约和循环利用，严格控制能源消耗和运行费用支出，严格控制校园建设标准，要把节能指标列入校内各部门绩效考核评价体系之中。

（3）不断完善专项经费管理。学校所有项目经费必须按照批准的项目和预算执行，专款专用，单独核算，按时完成项目任务，确保项目目标的实现；要严格执行政府采购制度和招投标制度，做到采购行为规范透明、采购程序科学严密，有效节约办学经费，并从源头上积极推行专项经费绩效管理。

第二章 高校财务风险与预算管理

第一节 高校财务风险概述

一、财务风险的认知

风险，即不确定性，是财务管理中的重要概念。既然是不确定性，风险显然有两种可能，即可以带来超出预期的损失和可以带来超出预期的收益。本书使用的"风险"是指负面风险，即与损失相关的风险。

财务风险是企业风险之一，是现代企业所面临的一个重要问题。财务风险的定义有狭义和广义之分。狭义的财务风险定义与传统的财务理论研究和传统的经济环境基本相适应，认为财务风险是企业用货币资金偿还到期债务的不确定性。企业的财务风险表现为企业能否支付到期债务，以及是否会导致企业破产。在市场经济高度发展的社会中，企业的财务活动日趋复杂，除了与正常的"采购—生产—销售"的实物运动相伴而行的"资金—成本—收入—利润—资金"资金循环运行轨迹外，还经常发生如期货买卖等脱离企业自身的实物运动而独立完成的活动过程，有时甚至无实物过程的依据。

随着市场经济的发展，这些过程成为企业经营活动的重要组成部分，企业资金的筹集、分配运用及调度、补偿、积累等都日趋复杂，财务风险也随之增加，广义的财务风险定义正是适应这种形势而产生的。广义的财务风险是指企业在生产经营过程中，由于资金运动所产生的风险，包括企业在筹资、投资和资金使用等活动中，由于管理不当导致企业丧失偿债能力的可能性，即企业在财务活动中由于各种不确定因素的影响，导致企业财务收益与预期发生偏离，使企业蒙受损失的机会和可能性。

（一）财务风险的分类方式

财务风险针对不同的经营主体和理财项目，在不同的理财阶段，面对不同的理财环境有不同的分类方式。

1. 按资金运动过程进行分类

按资金运动过程，财务风险可以分为筹资风险、投资风险、资金回收风险和收益分配风险。筹资风险是指与筹资活动相关联的财务风险，包括负债和自有资金的风险，以及因筹资技术不佳或资金投放、使用、收回、分配得不合理而引起的筹资风险；投资风险是指企业由于投资项目实际收益与预期收益之间的偏差，而给投资者带来的不利或者亏损的可能，主要包括收益风险、投资额风险、购买力风险、变现风险；资金回收风险是指企业在成品资金到结算资金再到货币资金的转化过程中时间和金额上的不确定性；收益分配风险是指企业由于收益分配而对未来生产经营活动产生的不利影响，主要包括收益确认风险和对分配收益的形式、金额和时间把握不当而产生的风险。

2. 按产生原因进行分类

按照产生原因，财务风险可以分为制度性财务风险、固有财务风险和操作性财务风险。制度是事先做出的用来引导和限制个人行为的确定性规范，由于制度影响期长，相对稳定，一旦其不适应客观环境，就会对企业财务活动产生不利的影响，这种财务风险称为制度性财务风险，包括外部制度风险和内部制度风险。固有财务风险由自身固有风险与财务管理依据信息的固有风险构成。财务管理的许多理论都是建立在假设基础上的，因此，理论本身就存在一定的风险。另外，财务管理主要依赖于会计信息，而会计信息本身也存在风险。操作性财务风险是指在财务管理过程中，由于财务管理人员操作失误或对财务方法的选用不恰当而引发的企业财务风险。

3. 按风险层次进行分类

按照企业财务风险的不同层次，财务风险可以分为战略财务风险、总体财务风险和部门财务风险。战略财务风险是指对企业竞争战略和长期经营产生影响的综合性财务风险，一般通过市场来体现；总体财务风险是指企业面临的，在未来一段时间内影响企业总体发展的财务风险，如汇率风险和利率风险等；部门财务风险是指企业各下属部门所面临的财务风险，这些风险在特定部门内比较突出，而对其他部门影响较小。

4. 按对应的不同期间进行分类

依据财务风险对应的期间不同，可以将财务风险划分为日常财务风险和特殊财务风险。日常财务风险是指企业在日常生产经营中常涉及的财务风险，包括筹资风险、投资风险、利润分配风险等；特殊财务风险是指企业只有在进行重大活动时才可能涉及的财务风险，如破产与清算风险、跨国经营财务风险、并购风险等。

5. 按风险大小进行分类

按照风险大小，可将企业财务风险划分为较小财务风险、一般财务风险和重大财务风险。较小财务风险的后果不明显，对企业的各项生产经营活动不构成重要影响；一般财务风险虽后果严重但不至于构成致命性威胁；重大财务风险往往会导致企业的重大损失，甚至使企业生产经营停滞或遭受破产。

（二）财务风险的特性

1. 客观性和必然性。财务风险是市场经济条件下企业资金运动的必然产物，是价值规律的客观存在，不以人们的意志为转移，市场经营主体只能将其控制在一定程度之内。

外部环境的变化、市场的调整、企业战略的转换、竞争对手的战略转换或新替代品的出现等因素都可能引发财务风险，因此，企业对于财务风险无法完全规避，只能通过一定的措施将其控制在一定的范围内，或降低其发生的概率，但不可能完全避免，即财务风险不可能降低至零。

2. 相关性。财务风险水平与风险报酬高低有关，一般而言，风险与报酬存在正向关系。对企业而言，财务风险高的经营活动，报酬率比较高，财务风险低的经营活动报酬率也低。因此，企业若想获得超额收益就必须承担相应的风险。不过企业应当注意，要使其风险的承受程度和自身的抵御能力相匹配，盲目地追求高风险高收益也是不合适的。

3. 偶然性。财务风险的偶然性是指财务风险是可变的，在一定时期内、一定条件下有可能发生，也有可能不发生导致了企业财务状况的不确定性。财务风险的偶然性还表现为企业财务风险的发生往往是突然的。也就是说，企业所处外部环境的不确定使得不同风险发生的可能性也不断变化，无法在事前准确判断某一种风险一定发生或不发生。同时，财务风险对企业造成的影响也具有偶然性，影响范围、影响时间、影响深度等均不确定。尽管财务风险具有偶然性，企业仍要采取措施预防重大风险的发生。

4. 复杂性。财务风险的复杂性是指财务风险不是一成不变的，它相对于不同的经营主体及各主体抗衡风险能力的具体条件而变化，即财务风险不是一个常数,而是一个变数。另外，引起财务风险有直接因素也有间接因素，有外部因素也有企业内部因素，这些因素有的可以提前预测，有的则无法预测。

5. 激励性。财务风险是客观存在的，企业必须制定相应的措施来规避或控制财务风险，企业只有不断完善管理，尤其是建立内部控制制度，才能规避或控制财务风险。财务风险具有激励性，即可以促使企业完善内部管理，使内控制度更加合理化、规范化和科学化，进而提高企业的竞争力。

（三）财务风险的主要因素

1. 财务风险的外部因素

（1）政治因素，指影响企业风险中所有与政治有关的部分，如国家政策的调整、外交关系的变化、征收风险等。随着世界经济一体化进程的加快，企业全球范围的采购和销售日趋普遍，政治风险也逐渐成为一个重要的议题。

（2）经济因素，指构成企业生存和发展的社会经济状况和国家经济政策，包括经济周期、经济体制、经济发展水平、通货膨胀等因素。

（3）竞争因素，指竞争给企业带来风险的可能性。竞争会导致参与竞争者实际实现的利益与其预期利益目标发生背离。

（4）自然灾害因素，指对企业产生巨大影响的自然现象，如地震、洪水等。

2. 财务风险的内部因素

（1）与筹资活动相关的财务风险，指由于筹集资金而给企业财务成果带来的不确定性。企业筹资风险的大小主要由以下因素决定：负债规模、利息率水平、负债的期限和结构。

（2）与投资活动相关的财务风险，指由于企业投资后，所投资项目不能产生收益或实际产生收益低于预期效益，从而引起的风险。投资风险主要由投资盲目性和投资回收期决定。

（3）与营运活动相关的财务风险，指企业在供产销活动过程中产生的风险，包括采购风险、生产风险、销售风险等。

二、高校财务风险的表现与特殊性

（一）高校财务风险的定义

财务风险是企业财务管理中的基本概念，而对高校财务风险的定义，目前国内主要有广义和狭义两个视角。

广义的财务风险是指高校在运营过程中，由于委托代理关系、财务治理等内外部环境因素作用所形成的财务状况的不确定性，从而使高校蒙受损失，造成其不能充分承担其社会职能、提供公共产品乃至危及其生存的可能性，是风险的货币化表现。相对于狭义的高校财务风险而言，广义的财务风险从更宽泛的视角界定了高校财务风险的成因，拓宽了对高校财务风险的认识，有利于加强对高校财务风险的全面控制和管理。另外，在定义高校财务风险时，应将高校财务风险界定为可能给高校带来损失或收益的不确定性。本书基于前面对财务风险的分析，认为应该沿用负面的"风险"概念，而不考虑财务风险带来的机会。

狭义的财务风险通常被称为举债筹资风险，是指高校由于举债而给高校财务状况带来的不确定性。在高校财务风险问题受到广泛关注后的很长时间里，许多学者和高校管理人员都将高校财务风险等同于负债风险，认为高校财务风险与高校负债数额和高校偿债能力密切相关。狭义的高校财务风险定义产生在特定的历史背景下，也切实反映了扩招、评估压力下国内众多普通高校的财务风险来源，但是该定义的局限性也是不言自明的。负债风险是当前高校的显著风险，但却不能代表高校财务风险的全部，高校在运营过程中的其他问题同样会导致财务风险。如果仅仅将高校财务风险简单地理解为负债风险，那势必不利于对高校财务风险的全面控制和管理。

（二）高校财务风险的表现形式

作为非营利性组织，高校与企业不同，高校的财务风险从总体上看主要表现在以下三方面：

1. 筹资风险

高校资金筹集日益多样化，既有财政拨款、学费收入，也有国内外资助及金融机构贷款等其他形式。在高校的全部流入资金中，财政拨款是政府预算支出项目，来源最为稳定可靠，其风险一般可以忽略不计。而国内外资助资金，由于其在全部资金中所占比重较小，因此，对该部分资金的财务风险也可简化处理。学费收入风险是指因学生拖欠学费而使高校遭受经济损失的可能性，此风险主要通过加强学生的收费管理来避免。

高校筹资风险主要体现在高校取得的金融机构贷款风险上。高校的金融机构贷款风险是指高校向银行等金融机构取得贷款后，由于贷款结构不合理、贷款使用不当或贷款管理不善，而使高校遭受经济损失的可能性。高校贷款风险的成因主要有国家政策变动、利率波动、高校资金管理不善、资本结构不合理、长短期债务失衡、高校支付能力不足等。目前，向银行等金融机构贷款是高校解决资金短缺的主要途径，但是随着高校贷款规模的持续扩大，长期贷款比重的逐步增加，高校的融资成本也不断上升，巨额贷款使高校面临严峻的财务风险。

2. 投资风险

在市场经济条件下，高校与企业一样受到市场经济规律的影响。但是高校不同于企业，企业投资的目的是追求更高的回报和盈利，而高校属于非营利性组织，其投资主要是为了满足社会日益增长的教学和科研需求，其投资风险主要体现在基建项目投资风险和校办产业连带风险上。

高校基建项目投资的投向合理性，直接影响着高校的办学水平与质量。高校若对自身定位认识不清，对所投资基建项目缺乏科学论证，则会导致盲目投资或重复建设，倘若项目完成后，不能取得预期的经济效益和社会效益，将会给高校带来巨大的还贷压力。

校办产业连带风险是指高校校办产业经营而使高校产生连带经济责任的可能性。高校的校办产业是为了实现高校科技成果转化而成立的，虽然现在大多校办产业已经进行了公司制改造，但高校仍然与校办产业有千丝万缕的联系，一旦校办产业由于经营不善导致经济损失，高校很可能要承担连带责任。

3. 教育教学风险

随着高校招生规模不断扩大，虽然不断增加教育教学成本，但各高校仍无法保证软、硬件与学生数的同比增长。学校教学基础设施不足，生均校园面积、生均图书拥有量、生均教学仪器设备台件数减少情况在许多高校出现。师资力量不足，教师满负荷工作，知识得不到更新、提高，导致教育教学质量下降，科研能力减弱，培养出的学生名不副实，毕业生就业困难，最终使得高校信誉受损，办学效益较低，进而引发财务风险。

（三）高校财务风险的特殊性

由于高校与一般企业在各个方面的差异，高校的财务风险也体现出其不同于企业财务风险的特殊性。

对企业财务风险的考量，往往要根据企业的资金流转环节从筹资风险、投资风险、利润分配风险等方面来进行。然而高校与企业有相似的资金流转环节，资金流转的目的却截然不同，即企业资金流转是为了获利，高校则主要从事非营利性活动，是为了满足社会的共同需要。因此，高校运营过程中产生的资金耗费，不可能像企业那样，通过销售产品或提供劳务，得到价值补偿并取得利润。虽然高校在国家政策规定范围内，除财政拨款外，也可以依法取得一定的收入，但是目前，这部分收入在我国高校总收入中所占份额仍很小，不足以抵补支出耗费，只有依靠国家财政拨款，才能保证高校业务活动的顺利开展。可见，在资金流转方面，高校财务风险管理有其特殊性，主要体现在：筹资方面的政策性较强，开支方面的补偿性差，产品方面的无营利性、周转方面的再生性弱等。同时，资金收支活动渠道多样化、校办产业种类多样化、财务管理政策性强等高校财务管理的复杂性，也会导致高校的特殊财务风险。

第二节 高校财务风险预警指标

"预警"一词最早出现在军事领域，是指用来应对突然袭击的防范措施，是关于突然袭击的信息的预告。随着社会的发展和时代的变迁，预警已经进入现代经济、政治、技术、医疗等领域。财务预警是预警工作在经济范畴的应用，是一种根据实证数据建立的高效、精准的财务危机识别模型，它以提高判别准确率为目标，以建模技术为主要内容。从传统的财务风险预测，到财务预警模型的构建，再到财务风险预警系统的形成，是一个循序渐进的过程。

高校财务风险预警指标系统是高校防范财务风险的保证，构建行之有效的财务风险预警系统，应遵循以下原则：

第一，体现高校财务风险的特点。企业不同于高校，企业是营利性组织，其资金流转是为了增值；而高校是非营利性事业单位，其资金流转是为了维持和开展教学、科研活动。因此，高校财务风险也与企业财务风险不同，有其独特性，即筹资上有较强的政策性要求、开支上的非补偿性、产品上的非营利性、周转缺乏再生能力等。高校并不是在财务活动的每一个环节都存在与企业等量的风险，也就不能将反映企业财务风险的指标直接用来反映高校财务风险，而要选取能反映高校财务风险特点的评估指标。

第二，定量分析与定性分析相结合。理想的财务分析，应该是定量分析与定性分析的结合。完备的高校财务风险预警系统，既要包括运用模型进行的定量分析，还要包括基于分析财务人员经验非量化因素进行的定性分析。定量分析以数据为基础，定性分析以逻辑为基础，定性与定量相互补充、相互配合才能达到理想的财务风险预警效果。

第三，具有动态性特点。高校财务预警指标的动态性首先体现在高校财务预警指标既要能评价过去，更要能预测未来，即能体现动态的分析过程；其次还体现在财务预警指标必须随着情况的变化而发展，即随着高校财务风险的变化要对财务预警指标不断地进行修正和补充，从而保证预警指标的先进性。

第四，反映全局和系统的观念。高校财务预警指标体系的目的是预警，但不能仅仅是预警，而是要围绕预警开展一系列活动，具体包括预警事前确定评价指标、制定指标的安全区间和风险区间、建立数学模型、资料信息的传递等；预警事中分析资料、发现问题、发出预警；预警事后分析风险原因、寻找风险根源、建立追踪系统纠正错误、跟踪预警等。高校财务预警系统要注重日常监控，随时发现各种可能导致预警的情况，重视从细微处发现问题，及时找到相应对策。

第三节　高校预算管理

一、预算管理及其特性

预算管理贯穿高校资金筹集、分配和使用的全过程，是高校财务管理的重要组成部分。当前，随着高等教育体制改革的不断深入，高校经费的收支规模逐渐增大，收支结构日趋复杂，资金供求矛盾日益突出。以认识目前教育市场环境及现行高校预算管理体制的特点为基础，把目标管理、部门预算有机结合起来，建立以目标为指引、以预算为主线、以部门为基础、以项目为单元的完善的预算管理体系，对推进我国高等教育事业的健康快速发展具有重要的意义。

《辞海》中将预算定义为"经法定程序批准的政府、机关、团体和事业单位在一定期间的收支预计"。不过预算和传统意义上简单的收支预测不同，它是对资源投入及产出的内容、数量、时间进行详细安排和具体说明的综合性分配计划。预算是行为计划的量化，数字化表达方式是预算最基本的形式，预算有助于管理者协调、贯彻计划，是一种重要的管理工具。预算管理是预算和管理的结合，是将预算应用于企事业单位的管理实践中，由预算决定应该做什么，由管理说明该如何去做。在市场经济条件下，预算管理必须以市场为前提。

预算管理的特性主要有以下方面：

（1）计划性。预算是对未来一段时间内预算主体收支情况的一种预计。预算管理有助于管理者在全面考虑预算期间内可能存在的问题和环境变化的趋势的基础上，通过规划具体的行为来确定可行的管理目标，采取措施，控制偏差，保证计划目标的实现。

（2）全局性。总体预算往往是预算主体的部门预算的汇总，需要管理者从全局考虑确定预算的内容。同时，预算是一种有效的沟通手段，涉及预算主体的各个部门，从预算编制的组织到预算执行、预算评价，各部门必须协商沟通，密切配合。预算管理的全局性有利于使预算得到更好的计划和执行。

（3）可考核性。预算使用数字进行表达，具有可考核性。预算管理的数量化标准便于寻找预算执行结果和标准之间的偏差，可以作为考核的依据。另外，对差异的分析是发现管理上存在缺失和漏洞的根源，有助于管理的改进。

（4）指导性。预算管理中的每个环节都应具有指导性。预算编制在参考预算主体各项事业发展需要的前提下进行综合平衡，编制完成后应充分发挥其指导作用。年末，应对本年度的预算执行情况深入分析，为下一年预算编制提供依据及经验，逐渐提高预算管理中预测的精确性。

（5）约束性。在预算管理中，每个环节与程序都具备约束力。预算一旦编制完成，不得随意更改和调整。在现实生活中，需要提高预算管理的法律地位并对预算管理进行有效监督，以加强预算管理的约束力。

（6）权威性。预算管理是一项严肃的工作，从预算编制到预算审批，从预算指标的控制到预算项目的调整，都必须强调预算管理的权威性。预算主体应严格落实财务决策、规范财务制度、加强财务控制以保证预算管理的有效执行。预算一经确定，在单位内部就具有"法律效力"，任何人和任何部门都不得擅自更改。同时要规范收支的审批程序，明确预算支出的范围、内容和限额，对超限额项目须报主管领导审核批准，对确须增加的额外支出应首先调整预算，照章办事，保持预算管理的权威性。

二、高校预算管理的类别划分

《高等学校财务制度》（财教〔2012〕488号）中将高校预算管理定义为："高等学校根据事业发展目标和计划编制的年度财务收支计划。"高校预算管理是学校各二级单位日常部门收入、支出的主要依据，是高校资源分配的具体体现，也是学校规模和发展动态的货币反映。

高校预算管理是财务管理的重要内容，其主要由收入预算及支出预算两个重要部分构成。预算管理贯穿高校财务活动的全过程，包括预算编制、预算执行、预算控制、预算评价四个环节。通过预算编制，明确工作目标；通过预算执行和控制，逐步实现并优化工作目标；通过预算评价，分析成果和目标之间的差距，为未来预算的编制提供信息。

（一）根据内容进行划分

根据内容将高校预算管理划分为收入预算管理和支出预算管理。

第一，收入预算管理是指高校对年度内各种形式及渠道可能取得的，可用于进行教学、科研及其他活动的非偿还性资金的收入计划及其管理，具体包括上级补助收入、财政补助收入、教育事业收入、科研事业收入、经营收入、附属单位上缴收入和其他收入预算管理。收入预算管理是完成高校事业项目计划的保证，体现了高校经费来源结构。

第二，支出预算管理是指高校对年度内用于开展教学、科研及其他活动的支出计划及其管理，具体包括事业支出、经营支出、对附属单位补助支出、上缴上级支出和其他支出预算管理。支出预算管理反映了高校的资金规模、发展方向和发展力量。

收入预算管理和支出预算管理两者互相依存，共同组成学校的预算管理。

（二）根据范围进行划分

根据范围将高校预算管理划分为校级预算管理和所属各级预算管理。

校级预算管理是指高校除国家和地方政府拨付的基本建设资金和独立核算的校办产业经营支出以外的全部资金收支计划及其管理。校级预算管理的核算直接反映学校预算收支执行情况。

所属各级预算管理是指包含于校级预算之内的，由学校下属各级非独立核算单位及部门编制，或具有特定用途的项目资金收支计划及其管理。它包含学校所属各级非独立核算单位或部门的预算管理和具有特定用途项目资金的收支计划管理，如科研项目经费预算管理、捐赠收入预算管理。

三、高校预算管理的主要职能

随着预算管理理论的不断发展，预算管理的实践也得到进一步的深化和完善，当前高校预算管理的职能主要有以下方面：

（1）规划职能。预算管理以学校管理者对高校的发展预测为基础，预测能够反映高校事业的发展规划。预算的编制使高校的规划成为计划，并通过预算的执行得以实现，这体现了预算管理的规划职能。

（2）协调职能。预算管理的协调职能主要体现在三个方面：第一，要实现预算总目标，各个部门的预算及其所属的其他分支预算之间必须相互协调、配合密切；第二，预算将各部门联结在一起，合理配置资源，使高校利用有限的资源获得最大的经济效益；第三，高校需要及时调整各项事务安排以适应外界环境的变化，以便更好地执行预算。

（3）控制职能。在预算管理过程中，控制职能作为基本职能链接整个管理过程。预算编制属于事前控制，预算执行属于事中控制，预算差异的分析属于事后控制。

四、高校预算管理的具体原则

高校预算管理总体上应当遵循"量入为出、收支平衡"的原则，收入预算上坚持"积极稳妥"的原则，支出预算上坚持"统筹兼顾、保证重点、勤俭节约"的原则。

（1）预算管理总体上贯彻"量入为出、收支平衡"的原则。"量入为出、收支平衡"是预算管理中收支预算的基本要求，"效率优先，兼顾公平"是预算管理中合理分配预算资源的依据和标准。学校预算资源的安排在效率优先原则的基础上，还要兼顾公平，在预算分配过程中必须立足于全局考虑。

（2）收入预算坚持"积极稳妥"的原则。抓住当前教育发展的有利时机，挖掘潜力，积极拓展资金来源，增加收入。预算编制时，按照相关规定将学校所有收入列入预算，不遗漏，并且充分考虑影响收入的各项因素，做到不漏算、不重复，贯彻"积极稳妥"的原则，做到收入预算项目明确、数字准确。

（3）支出预算坚持"统筹兼顾、保证重点、勤俭节约"的原则。高校支出预算以收入为基础，必须量力而行，不能超出学校的综合财力编制赤字预算。编制的每个预算项目数据要有客观依据，要充分体现学校的办学方向和各学科差异，适应学校未来发展需要。在一切从实际出发，厉行节约、勤俭办事的前提下，分清主次、统筹兼顾、保证重点、合理地安排使用各项资金，发挥资金的最大使用效益。

第四节 高校预算管理的改进

加强预算管理是实现高校财务管理现代化、制度化的基本途径和重要手段，是规范学校内部管理秩序的必然要求。高校应在坚决贯彻《中华人民共和国预算法》的同时，结合本校的办学实际，从预算编制、预算审批、预算执行及预算评价四个方面，完善和细化预算管理制度，提高预算编制质量，硬化预算约束，促进学校可持续发展。

一、高校预算管理改进的重要工作

（一）重视预算管理工作

预算管理工作是高校最重要的工作之一，涉及学校的方方面面，因此，要广泛宣传预算管理的意义，强化学校及下属各部门领导的预算管理意识，提高他们的预算管理技能，从思想上为学校预算管理工作的有效开展奠定坚实的基础。同时应加深对高校预算管理的认识和理解，充分调动各部门、各单位的积极性、主动性。

预算作为学校管理工作的一项系统工程，绝不是财务人员单打独斗所能支撑的，要在学校的统一管理下，调动各级单位的积极性，使其参与到学校的预算管理工作中来。在预算管理中强调参与意识，可使高校预算管理更加民主与合理，积极沟通，在保证整体利益的情况下明确各自的职责及目标，提高预算指标的可靠性和预算执行的效果。

（二）规范预算管理制度

高校应制定规范可行的预算管理制度，明确预算收支范围及预算编制、执行、控制、评价的程序、原则和方法。高校预算管理细化的程度，取决于对高校管理活动复杂情况的判断，取决于获取到的与管理相关的信息的多少。一般而言，对基本支出按照定员定额标准核定，实行零基预算；对项目支出按项目库排序，实行滚动预算；对项目评价，不采用投入式预算，而提倡产出式（绩效式）预算。在编制预算时，各预算编制参与部门须反复沟通，对所有支出项目逐一审核、评估；认真核实申报经费的内容和依据，细化收支范围、分类制定定额标准，明细核算，按项目重要程度排序，及时发现预算执行中的异常情况，找出原因予以控制；对已完成项目及时组织验收，做好预算评价。

（三）完善预算管理组织

完善的预算管理组织机构是加强高校预算管理的前提和基础。高校预算管理的组织机构应包括预算委员会、常设预算管理工作组（直属于预算委员会，负责日常预算事务的处理，由学校总会计师或财务处长负责）及预算责任网络，其中预算委员会是最重要的部分。

预算委员会是高校预算管理的最高决策和管理机构，负责对校内各单位申报的预算进行审核，由校长直接领导。目前各高校预算委员会的成员主要由学校各校区主管领导及下属各部门负责人构成。鉴于大多数高校实行分层次预算管理体系，为了提高预算编制的准确性，使其符合学校长期发展的需要，合理配置高校资源，加强预算管理，需要建立以教授为主体的预算委员会，选取学校知名教授及会计、财务管理、审计等学科有威望的教授进入预算委员会，以增加预算委员会的科学性和权威性，同时体现"教授治校"的高校教育管理理念。

以教授为主体的预算委员会与以分管领导为主体的预算委员会相比，可以避开学校在平衡预算方面的困扰，便于采用零基预算、绩效预算等更先进的预算方法，更合理、更科学地安排预算，提高预算资金的使用效率；以教授为主体的预算委员会还可以更好地适应教学工作，更好地支持高校教育教学改革。但是，以教授为主体的预算委员会并不能代替校领导在预算上的决策作用，它只是提高了校领导在预算决策上的科学性，最终仍然是预算委员会向校长办公会和党委常委会提出议案，由校领导进行决策。为了避免预算管理决策中的权力问题，可以对学校领导的预算决策进行有效监督，建立大学理事会。大学理事会不是参谋机构，而是决策机构，其主要功能是监督学校的运行情况、制订高校整体发展规划、审批投资项目和经费预算。预算编制要经过听证、辩论由理事会投票决定。理事会的人员组成必须体现独立性、科学性和权威性，校长可以是理事会的理事，但和其他理事会成员拥有相同的权力。这样可以从根本上解决或缓解高校预算管理中的内部人员控制问题，对领导者进行有效的权力监督。

二、高校预算管理改进的策略

（一）预算编制的改进策略

1. 体现预算编制的全局观念

为了更好、更快地实现高校战略，高校在编制预算时必须在预算方案中充分体现学校的主要发展目标、实践路径以及影响目标实现的关键因素。预算的编制要在学校整体规划的基础上，紧紧围绕学校的中心工作制定，以强化各部门的参与机制，使教职工更了解自己的工作职责和本部门、本学校的现实需要、发展潜力及未来变化。这样编制的预算指标也一定更接近学校实际，预算的准确率也更高。

2. 调整高校预算与财政部门预算

目前，财政部门的预算改革远远超前于高校预算改革，财政部门应根据高校的管理需要，尽早出台相关的预算调整办法和审批程序。在相关文件出台前，高校的预算编制工作应做好两个方面：第一，编报时间要衔接。高校的预算一般在上年年底编制，预算年初发至各部门执行，而部门预算的编制时间较早。为了与部门预算相配合，高校的预算编制也应适当提前。第二，高校会计科目的修订。目前的高校会计科目在科目设置、核算口径和内容上均与部门预算不相适应，不利于预算的执行和控制。只有将科目设置加以完善，进一步明确适用范围及口径，增加科目或扩展科目内涵，才能为高校预算与部门预算的协调一致奠定基础。

3. 保证编制预算的基础工作

首先，建立和健全预算编制机构。高校应在预算委员会指导下建立预算编制小组，负责预算编制的项目审查、定额核定、指标分解与调整等业务。各下属部门要确认一人负责预算编制工作。编制预算时，财务部门负责组织召开预算工作布置会，明确各部门预算编制人员的职责，统一预算口径。各部门根据预算编制小组下达的预算目标，结合本部门的特点，提出本部门的具体预算方案。预算编制小组根据学校的发展规划和实际情况对各部门上报的预算方案进行审查、汇总，综合平衡，提出修改建议，以保证高校总预算的准确度。

其次，在编制年度预算之前，要认真学习上级部门颁布的预算编制及其他文件，领会高等教育的政策变化，了解新的收支标准；把握学校的年度工作要点，明确重点项目和常规项目，保证预算编制的政策性、科学性；核实预算年度教职工人数、招生人数、毕业生人数等各项基本数字较以前的变化，确保预算编制中的工作量适当和定额标准的准确性。

最后，对上年预算管理工作进行分析和总结。财务部门要认真分析上年度的预算编制和预算执行情况，分析各项预算标准完成或未完成的原因，找出问题，总结经验；在广泛听取各部门预算编制要求的基础上，汇总各单位材料，充分论证，对合理的建议和意见及时采纳，对上年预算中出现的问题进行有效的改进和调整，使预算的编制更加科学、合理。

4. 相关预算编制方法结合使用

当前高校不合理的预算编制方法影响了高校预算管理的效果。预算编制方法的改革，不是简单地抛弃过去的方法，采用全新的预算编制方法，而是在预算编制时，根据具体情况，将零基预算、复式预算、滚动预算、绩效预算等方法结合使用。

零基预算是一种对所有的预算支出均以零为起点的预算编制方法。它打破了以前年度的习惯，重新研究、分析和判断每项预算支出的必要性和具体额度。高校在确定各部门、各项目的预算数时，可采用零基预算方法。例如，对教职工工资性支出，按照标准逐人重新核定；对事业性支出、人员经费支出等重新分类，将预算编制到具体项目中。零基预算方法可以压缩经常性经费开支，优化支出结构，将有限的资源用于学校发展最需要的项目上。与传统的增量法相比，有明显的优越性。

对建设性支出预算，高校可采用复式预算方法：首先，将学校总预算分为经常性支出和建设性支出两部分；其次，将建设性预算支出依照项目重要程度建立项目库，并根据实际进展及时进行相应调整；最后，根据学校的资金情况依次安排。在建设性支出预算的执行过程中，可以根据学校预算收入的增加或者经常性预算支出的节支调整建设性支出的金额，依次递补。

滚动预算方法考虑中长期发展规划与资金供给的协调关系。在编制学校的中长期预算时，应采用滚动预算的方法。运用滚动预算方法可以依据学校实际对中长期预算不断地进行调整和修订，以避免中长期预算因期间过长脱离实际而引起的盲目性，进而提高预算编制的科学性和准确性，充分发挥预算的指导作用。

在编制校内部门预算时，可采用绩效预算的方法。绩效预算方法将部门预算经费与其工作任务、工作业绩及其所产生的效益或效果直接挂钩，实行浮动的激励措施，加强学校对部门经费预算的管理、督导和考评。

5. 编制适度赤字预算

高校预算管理一直在"量入为出，收支平衡"的原则指导下进行，但如今高校预算的编制应该突破以往的约束，条件许可的高校可实行适度赤字预算。在高校支出逐渐增加，资金供求问题日趋严重的情况下，采用适度赤字预算可以保障高校重点发展目标的实现。本书所倡导的赤字预算不是永久性的赤字预算报告，而是在特定时期内的短期存在，若从高校发展的中长期看，赤字应逐步减小，直至消除。

在特定时间内编制适度赤字预算，对高校中长期发展及科学规划有深远、积极的意义：能够集中财力在短时间内办大事，保证学校重点项目的完成。赤字预算打破常规的发展方式，抓住发展机遇，明显提高学校的办学条件或科研水平，提高学校的竞争力；综合权衡财务费用和未来通货膨胀对教育资金的影响以及高校所获不动产、无形资产的未来升值，编制赤字预算更是利大于弊。与赤字预算相适应的，高校要在除目前以一年为期的常规年度预算外，补充编制中长期预算，将期间年度预算和学校的中长期发展规划结合考虑。克服过去仅有年度预算而带来的短期行为，使得学校的预算收入能够在未来更长的时期内实现动态平衡。即允许某些年度预算结余和另外一些年度的预算赤字，使高校在未来一定时期内（2~3年）实现自我调节，从而使预算编制贴近高校的发展实际，充分实现资金的使用效益。

6. 编制中长期预算

高校的中长期预算编制除了上面所述可以与赤字预算相配合外，还具有更重要的意义。可持续发展是高校生存的首要目标,而中长期财务预算是高校可持续发展的基本保障。中长期预算是基于高校长远发展的更高层次的预算,可以是 3~5 年期预算,甚至可以是 10 年期预算或更长。中长期预算编制时要将学校的营运与发展相结合,充分考虑可持续发展,紧紧围绕高校的战略目标来进行。中长期预算的编制还要注意不同时期、不同阶段的变化,要根据预算对象的多元化,突出不同的预算重点,既要立足眼前又要兼顾未来。

7. 合理预算收入

预算编制包括收入预算编制和支出预算编制。高校收入预算编制必须坚持稳健性原则,把学校正常条件下可以实现的合规、合法收入全部纳入学校的预算编制,不得高估收入,将无经济依据的收入纳入预算;当然也不能过于保守隐藏收入,使收入预算失去可靠性,进而影响支出预算的合理编制。要把收入预算编制工作落实到各下属部门,按来源测算收入,并按部门汇总,使收入预算的编制更加具体、准确。对于高校取得的商业银行贷款,作为一项资金来源,高校可将对应相关支出,作为收入编制预算。需要注意的是,商业银行贷款所对应的支出主要是高校的基本建设支出,在编制预算时,原则上不得将商业银行贷款对应学校基本建设支出以外的项目支出。

高校预算支出的编制应以实事求是、科学客观为出发点。编制的支出预算应符合学校的实际情况;预算编制的支出项目和金额要真实体现下属部门的事业效果;编制支出预算时要注重支出结构的优化,分清轻重缓急,倡导勤俭节约。例如,对于公用经费的预算要根据各院系、行政部门等经费性质的不同,实行分类分档编制,院系按学生人数、层次,根据日常维持费、实验实习费等综合定额与专项定额相结合的方式确定公用经费;行政部门按照职责范围的不同,制定不同的分类分项定额,并辅以特殊支出如学科建设、教改项目等的专项补助;后勤经费对绿化、保洁、水、电消耗等,按经费的不同用途,分别按照学生人数、保洁面积或实际成本消耗等,采取不同的标准确定经费额度。

8. 下属部门编制责任预算

高校各下属部门有使用预算经费的权利,也必然要对预算编制负有责任。编制责任预算,必须设置责任标准。高校各部门(责任中心)在申报部门预算支出草案时,要同时申报经费支出报告,阐明各项预算经费的原因、金额标准、预期使用时间、责任目标以及按照预算使用经费的承诺书。财务部门在收到预算经费支出编制报告后,编制预算收支报表和资金流量计划表,并将各部门的预算目标统计归总,提交预算委员会讨论。对于预算期内责任目标的设定,如果全部交由各部门(责任中心)完成将造成预算管理松弛,若完全由预算委员会设定则容易脱离实际。理想的责任预算编制应是两者的结合:制定方针—责任中心编制—责任中心上报—学校汇总—委员会讨论决定。

(二)预算执行的改进策略

1. 强化内部控制制度

建立和强化高校的内部控制制度,有利于预算的执行。在资金有限的条件下,加强财务监督，在资金运作的全过程建立有效的内部控制，以防止资金使用过程中的错误和舞弊的发生，提高资金的使用效益和预算执行的效果。高校可以建立有效的支出内部控制，如差旅费、电话费、招待费等公用支出，实行按支出标准的定额管理；水电费由各部门落实包干；建立采购和领用内部控制：对材料、办公用品等设立材料仓库明细账，进行定期或不定期材料盘点；对教学科研仪器设备做到全校一盘棋，建立全校统一的实验中心，实验中心按照企业成本核算方法实行内部核算，使用实验室设备要收取相应的费用，收取的费用用于设备的维护和更新。

2. 细化预算费用

预算的明确、细化是实施有效执行预算管理的重要前提。将预算项目、目的、经费、责任、指标、定额等全方位进行细化，分解到每个参与部门与个人，可以保证预算执行有章可循，提高工作效率，防止扯皮；预算细化还有利于费用分析，寻求节约执行预算成本的有效途径；分解到人的指标和定额细化还有助于预算执行结果的考核。

3. 严格预算方案执行

在预算执行期间，不允许随意追加、削减预算，下属部门必须在部门年度财务预算计划数额以内使用；必须超预算支出的，应按照规定先申请预算调整，经批准后方可按新的预算方案执行。

高校要将非税收入全部纳入学校预算管理，确保预算收入的实现。在支出方面，设定审批权限，严格执行预算，对超出定额或预算标准支出的项目，一律不予支出。不论是学校领导，还是下属部门负责人，不论其权大权小，都不能在已批准预算外随意变更预算。各部门负责人对本部门预算支出业务的合法性、真实性及用款进度按规定权限审定，财务部门依据原始凭证和已批准预算对全校经济业务的合法性，以及原始凭证的合理性负责，对预算、超预算的开支，有权拒绝执行。

预算执行中除发生预算项目确实不能继续或不需继续的情况外，都要严格执行，以保证预算管理的严肃性，实现高校发展目标。

4. 提倡人本管理

在预算执行中提倡人本主义，通过内在激励，使教职工自觉执行预算，达到事半功倍的效果。预算执行是建立在财务指标基础上的人的行为管理，管理的核心是人，因而必须摒弃以往"以物为本""绝对服从"的旧思想，树立"以人为本"的预算管理新观念。

以人为本的预算执行要求对预算执行者适当授权，通过财权和事权的下放，监督权和处置权的集中，在高校中实现分权与集权的统一，以增强教职工的主人翁责任感，从而提高预算执行的效果。

高校要建立相互关心、互相帮助、彼此尊重与信赖的有利于预算执行的工作环境，从而提高工作效率，增强各项事业任务完成的效果。

（三）预算控制的改进策略

1. 改进预算控制方式

高校预算控制包括纵向控制和横向控制两项。对预算控制方式的改进也应从这两方面入手，既要加强财政、教育等主管部门对高校预算管理的纵向监督，又要加强校内预算控制。首先，要建立由财政、审计、社会中介机构、社会舆论等部门或组织共同构成的覆盖事前、事中、事后的纵向高校预算控制体系，强化控制职责，加强高校预算控制力度。高校预算控制体系从高校预算申报起就开始进行严格的审查，对预算执行和预算绩效评价等进行有效的控制。预算控制的内容除对程序的监督外，还包括对具体内容的控制。其次，要完善高校内部横向预算控制制度。将学校全部资金纳入控制体系，明确财务、审计等各部门的职责分工，做到相互协调，信息共享，强化校内预算控制。最后，要实现学校预算公开化。将预算定期向全校师生公布，接受监督，并在预算执行后和预算评价时，接受师生的评议，真正做到预算控制透明化，将预算控制落到实处。

2. 加强事中控制

加强事中控制主要表现在硬化预算约束上，要强调"以预算为中心"的预算控制原则。预算年度开始后预算尚未批准前，各部门可根据上年度同期的预算数额安排支出，但预算一经批准，除国家政策或招生规模等不可控原因造成的影响外，对预算的变更一定要严格控制，不得擅自调整。同时为了便于事中预算控制的有效实施，对各项目预算经费可以采取分季划拨、年终汇算的拨付方式，从而均衡地控制整个预算期内的项目实施。好的预算方案是进行预算事中有效控制的基础，所以各高校要尽力提高预算编制水平，严格预算编制程序和审批手续，增强预算的准确性和科学性，不留缺口。

3. 借助网络实时控制

信息技术不断发展，高校可以开发相应的财务和管理软件，充分利用日益发达的网络，进行预算支出和使用的查询，使各部门可以随时随地确认自己的预算执行情况，并与已经细化的预算方案相比较，实施部门预算控制。除可以查询预算支出使用外，还可以在财务和管理软件中增加横向、纵向比较指标，一方面可使部门负责人对本部门的预算支出额、项目进展程度等全面了解；另一方面也可以对本部门的预算支出绩效做横向和纵向比较。

4. 优化预算控制方法

（1）设置多段监控点。在预算执行开始后，财务部门要注意及时设置预算控制额度。实行计算机报账系统的高校，可设置多段监控点控制日常经费的预算。这样有利于控制预算支出进度和资金流量，使预算支出均衡地发生，避免突击使用经费的情况，提高资金使用效益，防止预算宽余，也有利于日后预算评价的实施。另外，也可以通过类似的方法实施月度、季度的多点监控，使得预算支出适时和发生均衡。这种方法适合日常费用的控制。

（2）建立有效的分析机制。为了实施有效的预算控制，财务部门应按责任中心编制预算统计表，其中包括以支出功能分类和以支出经济分类为统计口径的两种预算统计表总量平衡。预算统计表便于事中控制分析。财务处根据预算统计表按月比较实际发生额与预算之间的差异，并通知各责任中心的预算负责人进行分析和控制，以利于本期预算的执行和下期预算的编制。对于预算差异的分析，主要从以下方面进行：

1）账务处理正确性的判断。高校会计核算时，要判断收入、支出的入账时间、科目、金额是否正确，以及与已批准的预算方案是否一致。

2）外部条件变化的判断。要判断是否存在由于高校外部条件变化而导致的预算定额标准的变化。如预算编制时，博士生生活费按每人每月200元发放，在执行预算期内，接到国家相关文件，将博士生生活费调整至每人每月1000元；预算中拟购入某产品或服务，由于技术进步等原因，发现购买另外的产品或服务更能够节约资金或满足需要等。对于外部条件变化导致的差异，可能造成预算超支，也可能节约预算经费，预算管理部门要重点分析，做出正确判断。

3）内部环境变化的判断。学校内部环境的变化也会造成预算执行时出现不能预期的情况。比如某部门突然接到任务，要求安排计划外活动；或者项目比预期更重要，难度也更大，实际花费的时间和资金比预算要多得多。高校应实时监督预算的执行情况，定时做出分析，找到预算差异的真正原因并实施控制。

（四）合理控制财务风险

高校预算评价是根据预算目标进行的全面考核，是对高校预算执行情况及效果做出的全面、准确、客观、合理的描述和评价。高校预算评价既要考评高校资源总量是否符合高校整体运行的客观要求，还要考评资源的使用效益是否最大，这是发展高等教育事业和优化高等教育资源配置的要求，也是完善现行高校预算管理体制的内在要求。

1.建立健全预算评价体系

高校要加强对预算执行情况的评价与考核，以提高预算执行效果；改进预算编制的程序和方法，激发广大教职工工作的积极性。高校预算评价必须通过一套科学、合理且行之有效的评价体系实施。建立健全科学、可行的考评机制是开展预算考评的基础。高校应按照科学、实用、重要、完整相统一的基本原则建立以绩效为核心的预算考核评价系统。构建高校预算评价指标体系，积极开展预算评价，是高校合理配置资源和提高资金运行效益的有效手段。评价系统一旦建立，应长期稳定，不能朝令夕改令员工无所适从。评价系统的长期稳定除可以使各部门、各个员工明确考核依据，按照既定目标不断努力外，还可以保证评价结果的纵向可比，以此来全面掌控一定时期内预算的总体运行状况。

高校建立健全预算评价体系，应首先确定预算评价的领导组织机构和相应的评价监督制约机制，实现预算评价工作的制度化和规范化。预算评价体系的设计要兼顾社会效益、经济效益、项目投资评价。预算评价指标的设定应遵循短期、长期效益相结合和定量、定性相结合的原则。由于各高校的类型不同、规模不同、层次不同，其所建立的预算评价指标体系也很难完全统一，但是合理的高校预算评价体系一般应包括平衡计分卡评价体系和关键指标评价体系两部分。这两部分均采用量化标准，以绩效目标为出发点进行设置。一般而言，高校预算评价的关键指标体系至少应包括以下具体指标：财务综合实力评价指标，用来评价高校经费来源及学校规模和办学条件的指标；运行绩效评价指标，包括经费自筹率、高校年度收支比、校办产业资本增值率、学科建设评价指标、人才培养评价指标等；发展潜力评价指标，包括现金净额增长率、自有资金动用程度等；偿债能力评价指标，包括资产负债率、流动比率、速动比率等。

除预算评价的关键指标体系外，构建高校预算评价体系还要制定切实可行的绩效考评工作程序和考核指标，以及按照绩效考评结果实施奖惩的制度。

2. 强化预算执行结果的分析

预算执行结果的全面分析是高校预算评价重要的基础工作。高校预算执行结果的全面分析是指对校级预算和各部门预算的执行效果、执行差异的原因分析，并提出改进措施，编制预算结果分析报告的过程。

（1）合理界定预算分析的内容。预算执行结果分析包括预算收入执行分析和预算支出执行分析两部分。高校预算收入按来源分为外部收入和自创收入两大类。外部收入包括财政拨款收入、社会捐赠收入等；自创收入包括学费收入、产学研合作收入等事业收入和经营收入。高校预算支出按资金流向分为教学业务费、教学管理费。教学业务费是与教学科研直接相关的支出，包括教师课酬、教学设备费、资料费等；教学管理费是与教学科研间接相关的支出，如管理部门的接待费、办公费、办公室人员支出等。

（2）选择合适的分析方法。高校要根据分析目的和内容选择适合的方法，做出公正、客观的分析。目前，高校预算执行结果分析的可选择方法有比较分析法、因素分析法、差额分析法等。随着财务分析理论和实践的不断发展，还会有更多更好的方法以备选用。

（3）坚持全面分析与重点分析相结合的原则。对预算执行结果的分析是建立在对学校经济活动的整体情况全面把握的基础上的，只有全面了解学校运行的整体情况，才能分析预算收支的执行情况，分析预算数与实际数的差异原因，总结预算执行中的经验和问题，提出改进意见和措施，为下个年度的预算编制打下良好基础。同时，还要避免没有重点的全面分析。结合高校实际对预算年度的经济活动的主要方面进行重点分析，有利于形成正确的分析结论，取得事半功倍的效果。

（4）差异分析是预算执行结果分析的重点。高校预算执行结果分析的重点应放在分析差异及产生差异的原因上。预算收入执行分析的重点是发现预算年度各项实际收入与预算收入的差异，并找出导致收入增加或减少的原因，形成报表及书面报告；对预算支出执行结果的分析重点是对各项目经费的支出、结余、任务完成率等情况做分项分类详细分析，并形成报表及书面报告。

差异分析要从定量和定性两方面进行。定量方面分析收支的进度与结构、偏离预算的差异大小等；定性方面分析产生实际与预算差异的主客观原因。公正的分析结论不仅可以用来作为预算评价，也对未来的预算管理提供基本材料，是高校提高管理水平的重要依据。

差异分析还分为横向差异分析和纵向差异分析。横向差异分析是指学校可以选取合适指标与同类型、同规模学校进行比较，也可以在学校内各院系间进行指标比较；纵向差异分析即学校自身选择以前年度同类指标进行比较。无论横向差异分析还是纵向差异分析均须考虑比较对象间的可比性，切忌盲目比较。

3. 实际分部门预算评价

在高校整体预算评价体系下，针对重要预算项目和部门的包干经费，高校应设定不同的预算评价指标和标准，分别进行预算评价，考核其经济活动的真实性、合法性、科学性、效益性，并将评价结果与各项目或部门负责人的业绩评价相结合，实施激励。各部门的预算评价指标综合来看可以从投入、产出和结果三个方面来设计。

投入指标如资金、人力、场所、设备等，用于衡量预算项目所消耗的资源，包括"生均教学经费""生均教学面积""生均教学设备"等指标。成本测算对采用投入指标进行预算评价的部分具有重要作用，需要完善相应的会计核算系统。

产出指标是预算期内完成的工作、提供服务或产品的数量，包括"收入完成数""毕业生一次性人数""自筹经费完成数""接待来宾次数""档案入档册数"等指标。产出指标的计算相对比较容易。

结果指标用来衡量项目或服务的结果，包括各院系的"英语四、六级通过比例""国家资格考试通过数"等指标；各科研单位的"国家级课题占全部课题金额比例""国家级课题占全部课题数量比例""有国际影响文章发表数"等指标；管理部门的"收入预算完成比率""支出预算完成比率""解决来访问题满意率""处理问题及时率""各项检查合格率"等指标；后勤部门的"绿化率""食堂就餐率"等指标。结果指标是预算评价指标体系中最重要的部分。

根据部门和指标特点对不同部门采用不同的预算评价指标进行考核有利于各部门的业务发展和激励。例如，对各部门的预算评价，重点应放在节支增效上；对专项工程的预算评价，重点应放在"决算（比预算）节支程度""验收工程质量是否达标"上。同时各高校的情况不同，需要根据各自的具体条件安排部门预算评价，在全部高校建立统一的预算评价体系，往往达不到考核的目的，对各高校的发展也不利。

4. 根据评价结果进行激励

预算评价必须以激励机制为补充，否则将失去评价的意义。而激励也只有以预算评价为基础，才能有的放矢，要根据评价结果对部门和个人进行必要的物质、精神奖励或惩戒。明确的激励制度，可以让各部门和教职工在预算执行前就了解业绩与激励之间的关系，将个人、小团体与学校的整体目标紧密结合，保证预算执行的效果。如果激励机制不合理、不完善，往往会使预算评价流于形式，评价指标将丧失约束作用，预算管理会失去应有的功效。在进行预算评价时要客观公正、结合实际，形成准确、科学的评价结果，充分调动教职工的积极性和创造性。

激励要坚持责权一致的原则，坚决按照规定兑现奖惩，有奖有罚，赏罚分明，不打折扣，保证预算的严肃性和学校目标的实现，确立预算管理在高校的核心地位。设计与完善高校激励机制，并与预算评价相配合，可以更好地促进预算管理的实施，这也是学校管理中应当考虑的重要问题。

第三章 高校效益与成本管理及绩效控制

第一节 效益与成本概述

一、效益分析

（一）效益的理解

对于效益的理解，有广义与狭义之分。

（1）广义的效益即指效用与收益。效用是指人从消费某种物品（或劳务）中所得到的满足程度。收益有很多概念，可以归纳为两种类型，即经济学收益与会计学收益。经济学的收益主要有三种含义：①精神收益，即人的心理需要的满足程度；②真实收益，即一定时期内经济财富的增加；③货币收益，即经济资源货币价格的增加。在会计上对收益也有许多解释，但一般而言，收益代表投入价值与产出价值之比，或者是产出大于投入的差额。由此可见，广义的效益不仅仅局限于某种经济活动，还关注相关的多种经济活动，或者说不仅仅关注某种经济活动本身。本书对效益的定义基于广义的理解。

（2）狭义的效益，一般指经济效益，即仅关注经济活动本身。经济效益又有两种理解，一种认为，经济效益是指经济活动中劳动耗费与劳动成果的比较，其中，劳动耗费是指经济活动中实际消耗的活劳动量和物化劳动量；另一种认为，经济效益是指经济活动中的劳动占用与劳动成果的比较，其中劳动占用包括活劳动的占用和物化劳动的占用。一般认为，全面的、科学的经济效益观不仅仅要注重当前经济效益，更要注重长远经济效益；既要关注微观经济效益，又要关注宏观经济效益；同时，还要考虑与社会效益、生态效益的有机结合。

由此可见，效益是人们在各项经济活动中应当首先遵循的原则。各种投入都要讲效益，并且尽可能以较少的投入取得较多、较好的产出，以满足人们的需求。对于效益的不同理解，影响着人们对效益的不同评价。遵循怎样的效益观，以及对效益的关注程度，决定了人们对投入行为或方向的选择，从而决定着人们对于教育成本采取怎样的管理模式。

（二）利益相关者理论及作用

1. 利益相关者概念的提出

利益相关者概念的提出是在 20 世纪 60 年代，它的发展是一个从利益相关者影响到利益相关者参与的过程，具体有以下不同意义：

（1）利益相关者是指对企业而言存在这样一些利益群体，如果没有他们的支持，企业就无法生存。人们开始认识到，企业存在的目的并非仅为股东服务，在企业的周围还存在许多关系到企业生存的利益群体。

（2）利益相关者是指能够影响一个组织目标的实现或者能够被组织实现目标过程影响的人。这个定义提出了一个普遍的利益相关者概念，不仅将影响企业目标的个人和群体视为利益相关者，还将企业目标实现过程中受影响的个人和群体也看作利益相关者，正式将社区、政府、环境保护主义者等实体纳入利益相关者管理的研究范畴，扩展了利益相关者的内涵。然而，采用这种广义的利益相关者界定方法，在实证研究和应用推广时几乎寸步难行，也无法得出令人信服的结论。

（3）20 世纪 90 年代中期美国经济学家布莱尔的定义：利益相关者是指所有那些向企业贡献了专用性资产，以及作为既成结果已经处于风险投资状况的人或集团。利益相关者是企业专用性资产的投入者，只有他们对其专用性资产拥有完整的产权，才能相互签约组成企业。专用性资产的多少以及资产所承担风险的大小正是利益相关者团体参与企业控制的依据，可见资产越多，承担的风险越大，利益相关者所得到的企业剩余索取权和剩余控制权就应该越大，那么他们拥有的企业所有权就应该越大，这也为利益相关者参与企业所有权分配提供了可参考的衡量方法。

2. 利益相关者具有代表性的界定

（1）利益相关者是受企业的决策、政策、做法或目标影响，反过来也能影响企业的有关做法或目标的任何个人或群体。1984 年，弗里曼出版了《战略管理：利益相关者管理的分析方法》一书，明确提出了利益相关者管理理论。利益相关者管理理论是指企业的经营管理者为综合平衡各个利益相关者的利益要求而进行的管理活动。与传统的股东至上主义相比较，该理论认为任何一个公司的发展都离不开各利益相关者的投入或参与，企业追求的是利益相关者的整体利益，而不仅仅是某些主体的利益。

（2）对利益相关者从相关群体是否具备社会性以及与企业的关系是否直接由真实的人来建立两个角度分析。其比较全面地将利益相关者分为四类：第一，主要的社会利益相关者，他们具备社会性和直接参与性两个特征；第二，次要的社会利益相关者，他们通过社会性的活动与企业形成间接关系，如政府、社会团体、竞争对手等；第三，主要的非社会利益相关者，他们对企业有直接的影响，却不作用于具体的人，如自然环境等；第四，次要的非社会利益相关者，他们不与企业有直接的联系，也不作用于具体的人，如环境压力集团、动物利益集团等。

依上述两种界定，人们对利益相关者理论也有两种理解：一种认为企业应对诸多利益相关者负责任；另一种认为商业行为应考虑诸多利益相关者的利益。利益相关者理论强调诸多利益相关者之间的利益均衡，这正是宏观效益、社会效益、长远效益等关注的焦点，也是全面、科学地理解效益的基础。这里的利益相关者，既包括个人与团体，又包括社会各个方面；既有现实利益相关者，又有潜在利益相关者等。

3. 利益相关者理论为经营管理提供了支持

根据利益相关者理论分析，高校的利益相关者是创造高校价值、有能力影响高校的活动并受高校活动过程或结果影响的人或组织。按其与高校的密切程度，高校的利益相关者可以分为三个层次：一是核心层，包括教师、学生、高校管理人员；二是中间层，包括政府、校友、科研经费及贷款提供人等；三是边缘层，包括周边社区和社会公众。

另外，利益相关者不同程度地参与了高校的活动并受其影响，都期望从高校的活动中得到收益，因此，高校不仅要管理而且要善于经营，才有能力更好地满足利益相关者的各种需求。经营与管理是有区别的，高校可以不以营利为目的，但是不能没有收益。

二、成本概述

（一）教育成本

1. 教育成本的不同观点

作为一种生产性投资，教育投资既存在着投入和产出的比较问题，也存在成本和效益的计算问题。因此，教育部门应当像物质生产部门一样，进行成本核算。国内学者关于教育成本的概念，有着不同的观点，第一，教育成本是以货币形态表现的，培养学生由社会和受教育个人或家庭直接或间接支付的全部费用；第二，教育成本的本质是为使受教育者接受教育服务而耗费的资源价值，它既包括以货币支出的教育资源价值，也包括因资源用于教育所造成的价值损失。以上观点并没有太大的分歧。教育成本的实质就是教育资源耗费的价值表现形式，或者说耗费的物化劳动和活劳动的总和，它包括以货币支出的教育资源价值，也包括这些资源用于教育而非用于其他经济活动所造成的价值损失（即机会成本）。

2. 教育成本的经济范畴

教育成本作为经济范畴，是指培养学生所耗费的社会劳动，包括物化劳动和活劳动，其货币表现为由社会和受教育者个人或家庭，直接和间接支付的培养学生的全部费用。但是，不是所有投入学校或社会的教育资源，均属教育成本范畴，只有那些用于培养学生的，可以通过直接归集与间接分配到学生上的可用货币计量的资源，才构成教育成本。严格而言，教育成本包括以下三方面：

（1）培养成本，又称生产成本，即学校为培养一定数量和层次的学生所支出的一切开支和耗费。

（2）增量成本，即学生为学习或读书所增加支付的那部分生活费用。

（3）机会成本，即学生因为学习而未能参加工作等带来的机会损失。

（二）成本管理

1. 成本管理的发展阶段

现代成本管理是成本管理发展到一定阶段的产物。成本管理理论与实践的演进历程，以作业成本管理（Activity-Based Costing Management，ABCM）为分水岭，大体可将成本管理分为经验管理阶段、科学管理阶段和现代成本管理阶段。

（1）经验管理阶段。19 世纪初至 20 世纪初期是形成阶段，即经验管理阶段。随着生产力的发展和产业结构的出现，经济活动和经济关系开始复杂化，客观上要求在生产过程计算企业的生产费用支出并确定产品成本，于是开始实行成本核算。第一次工业革命后，企业规模不断扩大，"生产主导型"战略初步形成，企业竞争日益激烈，主要表现在生产成本的高低，这样就使成本计算与会计核算结合起来，形成了成本管理。这一时期的成本管理强调应用会计的原理、原则来计算成本，以事后核算和控制为重点，尚处于成本的经验管理阶段。

（2）科学管理阶段。20 世纪初期至 1939 年前是发展阶段，即科学管理阶段。20 世纪初，"生产主导型"战略方兴未艾，美国管理学家泰勒认为，企业管理的根本目的在于提高劳动生产率，要求企业把可以避免的各种生产经营损失和浪费尽可能地缩减到最低限度，通过实现各项生产和工作的标准化来提高企业利润。这给成本管理提供了启示。实行标准成本制度后，成本管理开始由事后成本计算转向事前制定标准。

（3）现代成本管理阶段。1945 年至今是成熟阶段，即现代成本管理阶段。企业战略管理模式由"生产主导型"战略向"需求主导型"战略转化。现代企业管理的思想，提出了"生产的重心在经营，经营的重心在决策"，把成本管理推向现代化管理的地位。因此，现代成本管理的主要特点是成本与管理相结合，以成本干预生产。20 世纪 50 年代以后，随着经济的高速发展，成本管理理论也在更新，同时也孕育了现代成本管理。现代成本管理是成本管理技术的集成，即在一定理念和文化下，运用一系列的成本管理方法从全局、系统的视角来降低企业成本，同时培养和提升企业核心竞争力，从而形成企业的可持续发展战略，其中最典型的是战略成本管理。

2. 成本管理中的有关成本

（1）相关成本和无关成本。相关成本，即与决策有关的成本，与无关成本对应。沉没成本是一种典型的无关成本，即过去已经发生而无法由现在或将来的决策所能改变的成本。下列属于相关成本的范畴：一是差量成本，即决策者在两个备选方案中进行选择时，就同一项或同一类可比成本之间的差异或差量；二是机会成本，即因选择某项方案而放弃其他方案所损失的收益。

（2）可控成本和不可控成本。不可控成本是指管理者不可控制或者在管理者控制范围外的成本。从成本管理的角度看，那些可控的成本才是责任成本管理需要解决的主要问题。不过，可控成本与不可控成本也是相对的，在一定条件下，二者可以相互转化。

（3）固定成本和变动成本。按照成本与业务量的依存关系，成本分为固定成本和变动成本。固定成本是指在一定时间和一定业务量的范围内，其费用发生总额不随业务量的增减而变化的成本。变动成本是指在一定时间范围内，其费用发生总额随业务量增减变化的成本。正确理解变动成本要注意：一是单位业务量分摊的变动费用是相对固定的；二是其中一些费用虽然也随业务量的变化而变动，但不成正比例变动，这部分费用称为半变动费用。

（4）标准成本和责任成本。标准成本，即为了达到控制成本的目的，在生产经营活动开始前，根据产品结构和生产工艺过程，采用科学方法进行测算所预先制定的产品生产经营耗费限额。责任成本，即为考核成本责任者的成本责任而制定的一种成本。责任成本提出的目的在于落实成本责任，考核成本管理工作绩效，为加强成本管理提供信息。

第二节　高等教育成本控制

高等教育成本管理是高校为了实现成本目标自觉地进行成本控制的活动和过程。其目的是控制教育成本，提高教育经费的效率，为多出人才、出好人才提供财务保障。教育成本管理是在学校经济运行过程中，通过对教育成本采取预测、计划、核算、控制和评估等一系列措施，以求达到用最合理的人力、物资、资金配置和耗费谋求最大社会效益和经济效益的一种管理方法。其中，成本控制是学校经济控制的基础，是现代成本管理的核心，应贯穿经济业务的全过程。在成本控制中，应以制度控制为切入点，以院、系或部门为成本责任中心，通过对责任中心可控成本全过程的约束、调节和及时修正，保证成本计划的完成。

一、高等教育成本控制的认知

"控制"一词，一般被人理解为掌握和限制，主要有以下不同观点：

第一，在管理学中，控制是对绩效进行衡量与矫正，以确保企业的目标以及为实现目标所制订的计划能够得以完成。

第二，在经济学中，控制是按照一定的条件和预定的目标，对一个过程或一系列事件施加影响，使其达到预定目标的一种有组织的行动，换言之，是指一个系统通过某种信息的传递、变换或处理，发出指令，调节另一个系统的行为，使其稳定地按照既定的轨道前进，以达到预定的目标。

第三，把成本控制描述为企业在生产经营过程中，按照既定的成本目标，对构成产品成本的一切生产成本和经营管理费用进行严格的计算、分析、调节和监督，及时发现实际成本、费用与目标的偏差，并采取有效措施，保证产品实际成本和经营管理费用被限制在预定的标准范围之内的一种管理行为。

第四，高校管理者通过预算等手段对教育成本进行规划、调节，并使其实际按照预期的方向发展，以保证教学、科研和管理活动的正常进行，保障学生的切身经济利益的过程。如果教育成本控制得好，就可以使高校的每一分钱都物尽其用，使高校的资金运转井然有序。但如果对成本不加以控制，对预算不加分析，势必造成资金的无序使用，使得成本效益较低，进而影响高等教育的健康发展。

（一）高等教育成本控制的内容

高等教育成本控制内容大体分为以下三部分：

1. 事前成本控制。事前成本控制也称成本计划控制，即科学地制订目标成本计划，力求对运行结果通过预算手段实行目标管理。成本计划的基础是成本预测，即根据学校的办学目标和实际条件及有关历史资料，采用科学的方法对各项目的成本进行预测，以此为编制成本计划提供依据。成本计划的主要内容实质上是人力、财力和物力的优化配置。

2. 事中成本控制。为确保目标的实现，在成本管理中还要重视教育运行过程中的成本控制，让成本管理渗透到每一个运行过程，即要做好事中成本控制。常用的方法：一是计划分解，也就是将成本控制的标准分解到各部门、岗位和各个阶段、环节，让部门领导和教职工都明确意义，并使成本管理与切身利益挂钩；二是事中分析，如日报、旬报及月报成本分析等；三是日常检查；四是日常信息沟通。

3. 事后成本控制。事后成本控制即通过成本会计核算对财务报表及其他渠道形成的信息，运用成本分析法，定期（一般是会计年度终了后）或定项（一般是项目验收交付后）进行综合分析、评价和考核，以总结经验、发现问题，并找出原因和提出控制措施。控制措施，主要是针对执行结果与计划的偏差提出的。根据偏差的大小和控制能力，控制措施常划分为两种：一种是通过改变预定目标来控制偏差；另一种是通过适当改变投入的标准、质量和数量，以及人、财、物、信息和系统结构等来提高系统控制力，使其尽快满足目标成本要求。

（二）高等教育成本控制的原则

1. 重人才培养质量。人才培养质量的保障和提高是高等教育成本控制的出发点和落脚点。高等教育成本控制必须为保障和提高高校人才培养质量服务。如果高校只是单纯地控制成本，无视成本与人才培养质量的关系，其结果可能会影响人才培养质量。因此，没有一定质量标准的办学成本控制，将会抑制高校的人才培养质量，造成本末倒置的局面。高校要和谐发展，应当以人才培养质量为中心，其教学活动和教学辅助活动都要围绕人才培养质量展开；而高等教育成本控制作为重要的教学辅助活动之一，在其实施的过程中应当遵循优先考虑人才培养质量原则。

2. 全面成本管理。要提高教育成本效益，减少成本浪费，就必须动员校内各部门和全体教职工对教育全过程实行成本管理，减少各环节的成本浪费，全面提高成本使用效益。成本管理既涉及各部门，又涉及个人，提高每一个单位成本的利用效率要靠全员来实现。另外，为提高教育成本管理效益，学校需建立分级归口管理成本体系，每个项目应有专人负责，并按业务分类归口到有关职能部门，建立教育成本管理体系，推行教育成本管理责任制，从纵向和横向把好成本管理关，提高成本利用率。

3. 效益最优。高等教育成本控制必须坚持社会效益和经济效益相结合。由于教育的准公共产品的性质，高校所追求的效益应该仅仅是社会效益，如果高校只追求经济效益就会背离其性质，另外，高校也需要经济效益，但并不是要求高校要以营利为目的，而是希望高校以既定的投入发挥其最大的作用。在当今市场经济条件下，我国的高等教育发展也步入了大众化阶段，国家对高校的投资显得力不从心，高校的资金运转也显得捉襟见肘，为此有些高校不惜举债经营，加重了学校的财务风险。因此，高等教育成本控制，要从实现经济效益出发，最终实现高校社会效益的最优化，使我国高校实现可持续发展。

4. 例外管理。例外管理是西方国家的企业在管理控制中普遍采用的一种方法。高等教育成本控制要引入例外管理方法，使成本控制详略得当、有所侧重，应抓住高等教育成本中的"例外"问题首先解决，如果事无巨细、按部就班，势必造成管理的低效率。高等教育成本控制中的"例外"问题主要包括四类：一是成本的实际花费与预算相差较大的事项；二是高校需要临时高数额支出的项目，如某些教学仪器的购买；三是与学校的办学质量紧密相关的一些事项，如教师的引进成本、新的学科方向的筹建成本；四是对于高校而言性质比较严重的事项，如对于高校的高学费问题的应对、对于高校高额贷款的处理等。

（三）高等教育成本的考评及分析

1. 目标成本制度下的教育成本绩效考评

为了提高教育资源的利用效率，以最小的投入获取最大的产出，高校应当针对学校的特点，参考企业广泛实施的目标成本管理方法，制定出合理的成本控制制度。做好定期的成本绩效考核与评估，是现代成本控制的重要内容及主要环节之一。

（1）岗位成本目标的制定。实施高等教育成本控制责任制，关键在于各岗位成本目标的制定。作为成本控制的努力方向和衡量实际资源消耗水平的依据，成本目标的制定要遵循常态性。所谓常态性，既包括只考虑正常条件制定成本目标，也包括目标一经制定就应保持其相对的稳定性。制定高校的成本目标的一般程序如下：

第一，测算全年可安排的教育经费来源即可支配经费财力。高校各项能够实现的、稳定的收入数据加总，测算本年度的学校总收入，扣除用于学校基建投资和其他与教育活动无关的研究、服务活动的开支，算出下一年能够用于教育活动的经费总额。

第二，测算全年目标成本总额。首先，高校按照确定的招生规模，计算出学校在校生总额；其次，在不计算专职研究人员、服务人员的条件下测算出生师比和教职工（不含离退休人员）报酬；最后，确定生均人员经费支出。同理，还可以测算出生均公务费支出、生均业务费支出、生均修缮费支出、生均折耗费支出等项目。

第三，层层分解全年目标成本总额。具体有以下三层：首先，由学校根据预算等文件将下一年全校教育活动的成本总目标分解到各职能部门；其次，再由职能部门根据年度任务分解到各学院和全部门；最后，由学院具体分解到具体岗位，各个岗位依据所涉及的学生人数，并结合特定的误差修正值来确定具体的成本目标数额。

综上所述，由于高校教育成本计量的特性会导致制定目标成本比较困难，所以高校的成本总目标如何分解为各个岗位的成本目标，以及这种分解是否具有合理性都需要认真研究。在制定过程中，要注意以下两点：第一，在技术方法上只适合采用直接制定目标成本一种方法，而企业可采用直接制定和根据目标利润制定两种方法；第二，制定过程的专业性和群众性的有机结合。在参与的部门中，一般由财务部门牵头，教学、科研、人事等有关部门选派人员参与，而这些人员在业务上对教育成本比较熟悉。

2. 教育成本控制绩效的考核与评估

成本考核是指定期对成本目标的实际完成情况进行测评和总结，以督促各岗位做好成本控制，提高目标成本控制水平。目标成本的考核必须与责任制结合起来，对成本考核的结果还应进行一定的分析、评估，以得出基本评价。一般认为，进行各岗位的绩效考核并不难，难的是经考核所得的绩效如何评价。这首先是因为考核的目的只是侧重降低成本水平，而评价的目的更多地强调教育效益的提高。成本降低不一定就意味着效益的提高。另外，高校的教育成本控制绩效不如企业的易于处理，也导致其评价的困难。高校的产出主要是其提供的教育服务，产出指标中除了少量经济指标之外，大多数都是教育指标，如果照搬企业的做法，将教育指标倾向化，必然会造成极大的误差。

可考虑用模糊数学的方法来评估高校教育成本控制绩效，因为模糊数学能够处理这种同时包含定性指标和定量指标的评估数据，暂且把这种方法称为模糊综合评估法。模糊综合评估的基本思路是：首先，按照专业性和群众性的要求，成立专家组作为成本评价专门工作机构；其次，请专家组对成本评估指标和权重提出意见，在他们的帮助下正式确定指标体系；最后，请专家组对高校教育成本控制责任制的具体实施进行认真的调研，结合指标体系进行计算，并根据结果对成本控制绩效做进一步的综合评估。计算时先对指标体系最低层次的项目进行模糊综合评估，然后层层上升，直到对一级指标进行模糊综合评估，计算出综合评估值为止。

二、高等教育成本控制的类别

（一）高校经营视角下的教育成本控制

1. 高校教育成本控制的现状

（1）建立"统一领导、集中管理、集中核算"的财务管理体制。"统一领导、集中管理、集中核算"是指高校的财务收支在校长（或院长）的统一领导下，由学校的财务部门集中管理，不设二级核算单位，统一财务收支计划、财务管理制度、预决算、资源配置。同时，高校必须建立健全校（院）长经济责任制；高校必须按照学校管理层次，分别建立各部门、单位行政负责人的经济责任制以及各级财务主管、财务人员的经济责任制，构建多层次的经济责任体系，将财经工作的任务和责任层层分解并落实到校内各部门、单位直至个人。到目前为止，大部分高校已经按照层次分别建立了校长、分管校长或总会计师、财务处长和基层单位负责人等若干层次的经济负责制，并在财务收支过程中实行财务"一支笔"领导审批制度。

（2）实行综合财务预算制度。财务预算是高校成本控制的重要方法，也是成本管理的组成部分，是高校进行各项财务活动的前提和基础，是日常组织收入和支出的依据。它不仅要反映学校年度内的工作内容和需要完成的事业发展计划，而且要反映学校事业发展的规划和方向。我国预算的编制大致经历了三个阶段：第一阶段，中华人民共和国成立后的三十年间，教育经费全部由国家负担，预算反映的仅是单一的财政拨款的收入和支出，对教育经费的控制起了一定的作用。第二阶段，单一的财政拨款预算向综合财务预算过渡的阶段。党的十一届三中全会以后，高校具有一定程度上的办学自主权，学校收入向多元化方向发展，学校财力相对增强，为了加强预算内外经费的管理，编制了所有可收入的"校级预算"，逐步确立了综合预算的基本模式。第三阶段，综合财务预算全面实施阶段，确定了"集中统一、大收大支"的预算编制原则，规范了高校财务预算的运作。

2. 高校经营理念下的成本控制特征

通常而言，成本控制都是通过节约成本来实现的，即通过工作方式的改进和制度约束来节约成本，但这只是成本控制的一种基本形式。随着高校管理理念的更新及经营理念的引入，高校成本控制显现了如下特征：

（1）站在战略高度理解成本动因。对于当前高校成本动因的理解应站在战略高度上进行，不仅包括高校活动中各种有形的资金投入和人力成本消耗，更应包括高校的办学规模、环境因素、组织结构、决策、办学理念等无形的成本动因。对成本进行有效的控制，要求高校经营理念的转变、各个部门的协调和共同努力。

（2）时间价值在成本控制中的作用日益突出。只要资源是有限的，时间就是一个非常重要的因素。随着我国市场经济体制的逐步完善，时间价值在成本控制中的作用日益突出。这里的时间价值有两层含义：第一，对于高校有促进作用的投入，在时间上越早越好；第二，货币的时间价值对成本核算是必要的。

（3）成本控制不等于单纯的成本降低。高校成本控制的终极目标是从根本上避免成本的发生，实施成本的源流控制。成本避免的理念在于从经营的角度去探索成本降低的潜力，事前的规划、调研、论证重于事后的修改、调整，避免不必要的成本发生。这需要在办学定位、在校生人数规划、专业设置、新校区选址、基建规模及资源共享等方面对高校的业务活动进行整体重组，以避免不必要的业务流程，达到成本控制的目的，这是一种理念上的变革。高校成本控制的目标是以最低成本实现高校价值最优化，是一种相对的控制。

（二）地方高校经营视角下的教育成本控制

1. 地方高校成本控制的措施

（1）转变管理观念。高校的管理者要改变原来计划经济体制下养成的"等、靠、要"的思想，进行高校成本管理的心理调整，树立与社会主义市场经济相适应的成本管理观念，这主要从三方面进行：第一，树立高校是成本管理主体的观念。学校的各级领导和广大教职工都是成本管理的主要承担者。第二，树立经营的观念。经营思想是成本管理思想的重要组成部分，核心就是要树立成本效益意识，少花钱多办事。不管是高校进行基本建设、维持正常运转，还是进行科技成果转让、与企业进行合作等，必须适应市场经济的发展要求，在完成学校培养人才的根本任务的前提下，用经营企业的思想来经营学校。第三，树立竞争意识。目前高校与高校之间的竞争已成为教学质量、人才培养质量、服务社会的能力强弱的竞争。只有用有限的财力、物力和人力向社会提供高质量的教学、科研服务，才能提高自身的竞争力，才能吸引更多、更好的学生到学校来学习。

（2）健全组织机构。在转变广大教职工观念的基础上，学校必须建立健全成本核算、成本控制和成本管理的组织机构。

1）明确学校成本控制机构。一般是在已成立的校财经领导小组下，明确成本控制的职责，由校长任组长。其他成员由财务专家、各院院长和主要部门的负责人组成，负责领导全校成本控制和成本管理工作，审核学校年度预算、决算并监督其执行情况。

2）明确财务处成本核算的职能，增设有关成本核算类科目，进行相应的账务处理和成本报表的编制。在目前高校还没有全面进行成本核算的情况下，同一笔支出可以在按照现行会计制度做账的基础上，再按照成本控制的要求进行成本核算的有关记录。

3）赋予审计处成本费用审计的职能。随着教育成本纳入学校管理的视野，学校审计处也应该及时跟进，充分发挥内部审计在成本管理中的作用。审计的主要内容可分为教育成本审计和专项经费审计两部分。审计的重点应该以审查成本费用的合规性、合理性和有效性为主。通过内部审计，为学校提出控制教育成本的建议或措施。

（3）发挥高校经营与成本控制的协同效应。为达到优化资源和提高成本控制水平的目的，应充分发挥高校经营与成本控制的协同效应。

1）设立大型贵重、精密仪器设备管理部门，实现各部门的有偿共享，这样可避免校内不同院系、部门之间的重复投入，提高设备的利用率。

2）争取或尝试建立校际、校企、校所设备及数字图书等资源的共享平台。

3）鼓励校内师资跨院上课，最大限度地挖掘既定师资力量的潜力。

2. 地方高校成本控制的规范

教育成本控制基本规范是教育成本控制管理行为的基本标准，是对教育成本控制管理人员和教育成本信息处理具有约束、评价和指导作用的一系列基本标准。

（1）高校成本控制基本规范的特点。虽然高校成本控制具有企业财务成本管理的部分共性，但是一般认为，高等教育成本管理基本规范的特殊性源于教育具有特定的经济效益及社会效益。与物质生产部门相比，高等教育成本投入所带来的经济效益具有较高的不确定性、间接性和迟效性等特点。作为整个社会大系统中的子系统，高等教育的社会效益可以体现在政治、经济、文化等多方面。正是这样，决定了高等教育成本管理不是完全或真正的市场意义上的成本管理。高等教育覆盖广泛的、含义丰富的社会功能决定了不可能完全随着市场经济的建立而变为一种"市场教育"，那么，地方高校成本控制基本规范也就不可能完全按照企业财务成本管理模式去制定和运行。更确切地说，高校成本控制基本规范的特点更多地体现在教育产品的特殊性。

（2）高校成本控制基本规范的作用。确立教育成本管理基本规范的主要作用和重要意义就是希望实现教育成本信息生产的标准化，解决教育成本信息失真问题。成本控制基本规范是高校实施成本核算、成本评价的依据。成本信息的产生不能是片面的、无规则的甚至是主观的，否则，教育成本信息对于使用者就毫无意义，甚至会误导进而影响学校经济决策。教育成本管理基本规范既包括采用法律形式的具有强制特征的成本管理规范，又包括采取自律形式的具有自主性特征的成本管理规范。高等教育成本管理基本规范为设计合理有效的成本管理行为模式提供依据。此外，由于成本信息的产生与有关各方面的经济利益密切相关，成本信息的使用者必然关注成本管理工作的质量，因此，对高校成本执行结果的评价，都要求在全社会范围内对成本管理工作的质量得出结论。

3. 地方高校成本控制规范的建议

（1）更新成本观念。成本意识是现代成本管理中一个最为基本的立足点。现代成本意识意味着学校管理人员对成本管理和控制要有足够的重视，把降低成本的工作从管理部门扩展到其他各个部门，形成全校全员式的降低成本格局，形成贯穿学校各部门的"组织化成本意识"，并将降低成本从战略布局的高度加以定位，确立具有长期发展观的"战略性成本意识"。更新成本观念具体体现在以下两点：

1）成本效益观念。高校的一切成本管理活动应以成本效益观念作为支配思想，从"投入"与"产出"的对比分析来看，"投入"（成本）的必要性、合理性，即以尽可能少的成本付出，创造尽可能多的价值，为学校获取更多的经济效益、社会效益、教育效益。

这里值得注意的是，"尽可能少的成本付出"，不是节省或减少成本支出，而是指运用成本效益观念指导学校改进工作。如在进行调查分析的基础上，认识到若在原有功能的基础上新增某一功能，会提高学校的综合实力，因此，尽管为实现新增功能会相应地增加一部分成本，但这种成本增加是符合成本效益观念的。

2）成本动因观念。在分析有关各种成本动因的基础上，开辟和寻找成本控制的新途径。因为人具有最大的能动性，高校成本当然也会受到人为因素的驱动。例如，教职工的成本管理意识、综合素质、集体意识、工作态度和责任感、人际关系等，都是影响高校成本高低的主观因素，都可将其视为成本的重要驱动因素，从成本控制角度看，人为的主观动因具有巨大的潜力。

（2）引入作业成本法。作业成本法的核心思想是"产品消耗作业，作业消耗资源"。作业成本法的特点：一是以作业作为核算的核心和重点，将成本核算深入到作业层次；二是对于间接费用的分配，采取按引起间接费用发生的多种成本动因进行分配，并追踪到最终产品成本，使计算结果更加接近实际。高校作为教育产品的生产部门，其生产过程也就是高等人才的培养过程，这一过程按其价值链展开是由若干环节组成的；每一个环节又可以根据具体的成本管理需要和经济效益原则定义为一项或几项作业，每一作业都要发生一定的成本。

（3）建立成本管理体系。成本管理基本规范是由一系列的成本管理行为标准组成的一个完整体系。例如，从法律规范角度包括了与成本管理有关的法律和教育法规；从理论规范角度包括了成本管理目标、成本管理原则、成本要素、成本核算基本前提、成本信息处理程序和方法等；从技术角度包括了对成本核算实务处理提出的要求和准则、方法和程序以及成本管理职业道德规范等。

第三节　绩效评估控制

目前，我国地方高校人事管理制度改革正在稳步进行。高校教师的管理将根据"按需设岗、公开招聘、平等竞争、择优聘任、合同管理、按劳取酬、优劳优酬"等基本原则，实行职务聘任制。传统的高校教师考核方式，由于其考核目的、考核指标体系、考核方法等都存在问题，难以对高校教师绩效做出全面、客观、公正的评价，因此，需要用现代人力资源管理的理论和技术，改革传统的考核方式，以现代意义上的、能适应现代高校教师管理要求的绩效评估制度，以促进高校人事制度改革的顺利进行。

一、绩效评价

从人力资源管理角度来看，绩效是指主体的工作行为和工作产出，既要考虑投入（行为），也要考虑产出（结果）。通俗而言，绩效是指工作人员完成既定工作任务、达到工作目标的程度。随着人力资源管理理论和实践研究的不断发展，绩效管理与评估理论逐渐成为高校人力资源管理活动的重要环节。然而，高校人力资源管理与企业有着不同的特点，如何将企业人力资源管理方法有机地运用到高校，一直是人力资源管理理论界积极探讨的一个热点问题。从目前而言，我国高校教师绩效评价管理体系尚未完全建立，全面系统的教师绩效评价管理工作还没有完全展开，这就导致了高校管理部门不能够系统地衡量高校教师的工作绩效，进而影响了教师工作的积极性，最终限制了高校的可持续发展能力与核心竞争力的形成。因此，改善现有的不科学的高校教师评价体系，建立更加能够激励高校教师的科学合理的教师绩效管理评价体系势在必行。

（一）绩效评价的程序与原则

1. 绩效评价的程序

（1）绩效评价指标体系与评价方法的确定。在借鉴企业人力资源绩效评价方法的基础上，通过大量的文献研究，结合专家咨询，建立适合高校教师的绩效评价指标体系与评价方法。

（2）绩效评价活动的实施。通过标准化的高校教师评价量表，由高校人事部门对高校教师进行统一评价。

（3）绩效评价结果的分析与反馈。在对高校教师绩效进行评价后，要及时对评价结果进行分析与反馈。通过对绩效评价结果的分析，由高校人事部门结合各学科实际进行评价的反馈工作，有针对性地制定教师奖惩升迁策略。

2. 绩效评价的原则

为保证高校教师绩效评价的客观性与准确性，在制定高校教师绩效评价体系时，应遵循以下的设计原则：

（1）相关性原则。相关性原则是指绩效评价指标的构建要与高校教师工作绩效相关，高校绩效评价的目的就是引导、帮助高校教师达到其工作目标乃至自身价值的实现。因此，在构建评估指标体系时，应从高校教师自身发展及自我价值实现出发，充分考虑评价指标与教师自身发展的相关性来构建绩效评估指标体系，从而使绩效评价工作的实施能有效地提高高校教师的工作积极性。

（2）实用性原则。评价指标的设计应该具有实用性。评价指标体系要繁简适中，计算方法要简单易行，同时评价指标所需的数据应易于收集。各种评价所需的数据应可能从现有的统计资料信息和审计工作开展过程中获取，或者能够通过专家检查获得，设计各项评价指标的内涵和外延要限定，以便高校人事部门能够进行实际的评价工作。

（3）可比性与全面性原则。要确保指标体系中的每个评价指标都能被用来对高校教师的绩效进行测量和评价，包括能对高校教师之间的工作绩效进行纵向与横向的比较。与此同时，又要确保评价指标体系能全面、综合地反映各种因素对高校教师工作绩效的影响。

（二）绩效评价的特点与作用

高校教师作为一个特殊的组织群体，在价值观、工作任务、行为方式、工作产出的表现形式等各方面都有着自身特点，这也决定了这一特殊群体的绩效表现存在其特殊性。因此，改革高校教师的绩效评估制度，首先就要考察其绩效的特殊性，以便进行有针对性的绩效评估体系的设计。

1. 绩效目标的双重性

从价值取向上来看，高校教师的个人追求具有双重性。对于大部分高校教师而言，选择教师这个职业，主要在于喜欢这个职业，在这个职业上能够实现自己的人生价值。实现人生价值这种精神上的追求才是其真正的目的。但是，作为社会的一分子，他们也有对金钱、地位的追求，这种价值取向上的双重性决定了其绩效目标上的双重性。一方面，他们需要按照学校的规定，完成各项工作任务，以获得金钱、职务的晋升等利益；另一方面，他们更希望通过工作任务的完成，不断提升自己的能力，完善自己的修养，实现自己的人生价值。

2. 绩效投入与产出的多样性

高校担负着人才培养、科学研究和社会服务的职能。相应地，高校教师的工作任务也是多样的，包括教学、科研、提供社会服务等。价值偏好的差别，决定了高校教师在工作任务重心选择上的差别，从而导致其工作行为的多样性。例如，有些高校教师喜欢教学，因为他们认为高校最重要、最基础的任务应该是为社会培养合格的人才，因而教育好学生才是真正的价值所在；而有些高校教师则更喜欢做学术研究，因为他们能学习和发现各自领域最前沿的知识和技术，推动这一领域研究的发展；还有些教师认为科学研究、管理知识必须及时转化为生产力，为社会提供服务，他们更喜欢联合企事业单位，直接服务社会。高校教师这种工作任务的多样性、工作行为的多样性，决定了其绩效产出也具有多样性，不仅包括教学效果、科研成果、社会服务效果等多种产出形式，而且各产出形式所占的比重也是多种多样的。

3. 绩效产出的难以衡量性

高校教师的绩效产出，应该表现为教学的效果、培养学生综合素质的成果、科研成果的质量与数量、社会服务的效果等。同时，高校教师的绩效还应该表现为个人的政治思想、工作态度、专业素质等。因此可以看出，无论是哪一项绩效产出，都难以简单地通过量化的指标来衡量。例如，如果对教师教学的效果进行量化，可以用学生的考试成绩如优秀率、合格率等来考查，但是，教师在教学过程中，对学生潜移默化的指导等提高学生综合素质的教育教学效果，就很难通过量化的指标来衡量。再如，对于高校教师的科研成果，可以用完成科研项目的数量、出版著作或教材的数量、发表论文的数量等指标来衡量。但是，科研成果更重要的是质量而不是数量，而对于科研成果质量的评价，需要专家以其丰富的知识和在本行业的权威，来对其做出评价。因此，建立高校教师现代化绩效评估制度十分重要。

（1）正确认识绩效评估的目的和主体。现代人力资源管理理论认为，绩效评估不仅可以为员工薪酬的分配、职务的升降等提供依据；其真正目的，是通过评估，让员工了解其自身的优势与不足，使他们在以后的工作中发挥优势，弥补不足，不断提高个人绩效，从而推动组织绩效的提高；同时，绩效评估还可以为其他人力资源环节如人力资源规划、招聘及甄选以及员工的培训和开发等提供信息。被评估的主体是高校教师，高校教师属于知识型员工，其最主要的特点是具有较强的创新性、个性和自主性，在对待激励的态度上，重视物质激励的同时，高度重视精神激励和成就激励。可以肯定地说，高校教师对精神的需求在一定程度上超过对物质的需求。高校应该充分认识高校教师绩效评估的目的和被评估主体的特点，并贯穿于绩效评估体系中。根据主体的实际情况，进行制度设计，通过广泛的宣传、讲解，使学校各部门及广大教职工正确认识绩效评估的目的和意义，从而支持和配合绩效评估工作。

（2）科学制定绩效评估指标体系。绩效评估指标体系是绩效评估中最为核心的部分。由于高校教师的绩效产出具有多样性和难以衡量的特点，因此，绩效评估体系也应具备多样性、完整性，在设计中不但要尽量涵盖高校教师绩效产出的内容，又要通过定性和定量相结合的方法，利用两者的优点，尽量地设计出合适的指标，以实现对高校教师绩效的科学衡量。绩效评估指标体系的制定应建立在工作分析的基础之上，通过对高校教师工作的科学、具体分析，了解具体职位的具体职责，从而归纳和提炼出绩效评估应该涵盖的内容以及各项内容的关键业绩指标。

高校教师绩效评估指标体系不仅应确定绩效评估的内容，还需要明确各部分内容在整个体系中所占的比重。长期以来，我国高校教师绩效考核中，对科研成果过于偏重导致了很多问题。另外，关于教学效果和科研成果在评估体系中的比重，应该视高校的具体情况而定。如果是研究型高校，科研的比重可以稍微高一些；但如果是教学型或教学研究型的高校，学校是以培养应用型人才为主的，则显然应该更加重视教学效果。需要指出的是，在考核指标体系制定的过程中，最好将被评估者——教师纳入制定者中来。现代人力资源管理的实践证明，被评估者参与标准的制定，不仅能够提高标准的准确性，而且还能使被评估者更加了解和理解这一制度，从而在制度实施中更加配合。

（3）选择合适的评估方法。评估方法的正确与否，直接关系到整个评价体系的科学性和评估结果的全面、客观、准确。在评估维度上，如360°绩效评估法是一种比较合适的方法，360°绩效评估法又被称为全方位绩效评估法，指评估者选择被评估者的上级、同事、下级、被评估者自己、客户和专家等作为评估人，从各自的角度对被评估者进行评估，从而获得对被评估者全方位、多维度的评价。

（4）建立有效的评估结果反馈机制。有效的评估结果反馈机制是绩效评估体系的重要组成部分，它关系到评估的目的是否能够真正实现的问题。在评估结果出来以后，相关主管领导或人力资源部门的相关工作人员，应该及时就评估结果与被评估者进行沟通，使被评估者及时了解自己的优缺点，同时，应帮助被评估者想办法发挥优势，弥补劣势，使其在评估中不断提高和完善自己，在不断提高个人工作绩效的同时，推动组织绩效的提高，实现个人和组织的双赢。高校应该将绩效评估结果与人力资源管理的其他环节联系起来，要把绩效评估看作"一种师资管理过程"，既是师资规划、作用、培养、晋升等的补充，又是对这些管理过程的检查，以实现对评估结果更好地利用。例如，应该将评估结果作为教师收入分配的依据，根据评估结果的不同档次，收入分配应该拉出差距，从而建立个人绩效的激励机制；应该将绩效评估结果与职业生涯管理、进修培训等环节相联系，以帮助教师进一步提高自己的能力，完善自己的修养，实现其人生价值。

二、薪酬控制

伪造领薪人姓名、不严格执行考勤考核制度、不按考核结果计酬、超付工资或照常支付离、退休及死亡人员工资等，这是地方高校教师绩效管理中经常出现的现象。加强对薪资工作的控制，不仅有利于制约上述舞弊行为的发生，同时也有利于调动广大员工的积极性以提高工作效率和工作质量。

（一）薪工控制的内容

1. 人事职能的控制

任何地方高校的劳动人事部门均要根据高校的实际情况提出员工规划、工资预算、分配计划及培训办法等。如根据高校现有员工状况及未来发展需要，提出员工规划；根据员工规划、劳动法及其他相关的法律法规、高校工资制度，提出工资总额预算；根据高校员工分布情况及工资总额预算、工资分配制度，提出工薪分配计划和考核奖惩办法；根据员工素质状况，结合具体工作和未来发展规划，提出员工培训计划（包括岗前培训、常规教育、业务技能培训、专职脱产培训等）。上述计划编出后，应由高校最高管理者批准并授权劳动人事部门去执行。高校最高管理者还应授权劳动人事部门指定专人工资单的编制工作，指定专人负责人事档案的记录和保管工作，负责对员工考核结果的兑现。

（1）劳动人事部门录用新员工时应符合国家有关法律法规的规定及高校发展的需要。劳动人事部门应根据经批准的员工规划，采用适用的招聘方法进行招聘，并拟定录用人员名单，报请高校管理者审批。经批准录用的员工，应由劳动人事部门代表高校与其签订劳动合同。劳动合同应包括的内容有：合同期限、工作岗位、工作条件和劳动保护、工资和福利待遇、奖励和处罚、合同终止和解除的条件、违反合同的责任以及劳动争议的解决办法等。对试用期满后的员工，劳动人事部门应根据测评意见及平时考察情况提出是否正式录用的意见，并报高校管理者审批。员工录用后，对其岗位和职务的安排，应遵循"人尽其才、人尽其责"的原则。人员录用后，应由劳动人事部门核定工资标准，记入人事档案。有关新进人员的姓名、工资标准、扣除项目及始发期，应立即通知薪资部门，并抄送新进人员所属部门主管。

员工工资有所变动时，人事部门应将新的资料记入员工档案，并于生效日前通知薪资部门。员工停职，人事部门应将解职通知送交薪资部门。薪资部门的各项工作及编制工资表所列的姓名与工资标准等，均应根据高校所签发的正式文件办理。

（2）员工培训应充分考虑员工素质状况和高校发展规划的要求。新录用的员工，由劳动人事部门根据培训计划实施岗前培训。培训内容应包括高校概况与要求、职业道德、规章制度等。员工的常规教育，应结合高校的具体经营情况和新法规、新规章的要求进行安排。业务技能培训，可根据新材料、新工具、新技术应用需要安排，也可根据转变和提高业务技能的需要安排。对需要进行脱产培训的员工，应经高校管理者批准后，有计划地妥善安排，但必须考虑实际工作的需要，做好接替工作，不能影响正常的工作秩序。高校应该制定鼓励员工主动学习新技术、新知的措施，以利于全体员工素质与技能的提高。

（3）劳动人事部门应严格贯彻执行对员工的考核办法，并要进行实事求是的考核，将考核结果作为奖惩、培养、辞退、晋升和调整工作岗位的依据。高校各部门应根据考核办法，对所属员工按月、按季或按年进行考核，根据考核结果提出奖惩意见并交劳动人事部门。考核结果也应反馈给员工，以利于员工改进不足，发扬长处。劳动人事部门汇总各部门考核情况及要求奖励的情况，在做适当调查的基础上提出奖惩意见，报高校管理者审批。劳动人事部门根据批准情况办理奖励事务，对奖金奖励的，由专职人员填制奖金单，交财务部门发放；对升级、升职的，按照具体规定办理并记录人事档案。劳动人事部门在接到要求惩处的申请后，应认真对照高校奖惩办法中的规定，视其是否相符；并要进行认真调查、听取本人意见、征求工会意见，核定事实后，提出惩处意见，报高校管理者批准。劳动人事部门根据批准的意见办理惩处事务，对扣除工资、奖金的，由专职人员填制工资扣款单，交由财务部门扣款，其他处分按有关人事制度规定办理。

（4）劳动人事部门应根据高校有关人事制度办理辞退和离职等人事变动手续。当出现合同中规定的辞退情况时，由员工所在部门填制员工辞退审批表交劳动人事部门，或直接由劳动人事部门填制辞退审批表。劳动人事部门应调查核实有关情况，对照合同中有关条款签署辞退意见，报高校管理者审批。批准后，由劳动人事部门通知员工及其所在部门，按规定办理交接手续及相关事宜，并记录人事档案。对因考核或工作需要的岗位变动，劳动人事部门应填制岗位变动审批表，报管理当局批准后，通知员工办理交接手续，并记录人事档案。员工辞职，一般应由员工向所在部门提出书面申请，劳动人事部门接到转交来的申请后，报管理当局审批，批准后由劳动人事部门通知员工办理移交手续，并记录人事档案。

2. 工资计算的控制

任何地方高校均应建立工资计算制度，选择适合本高校的工资标准和计算方法。工资一般应包括基本工资、奖金及工资性津贴。工资计算制度主要包括以下各项内容：

（1）工资计算应以考勤结果为依据。因此，各高校应建立健全考勤制度，考勤制度应明确规定各类假期的期限与工资待遇。日常考勤工作应由教师所在部门执行，劳动人事部门应加强检查和监督。

（2）员工请假，应填制请假单，由其所在部门主管签字后送劳动人事部门，在审批权限内劳动人事部门直接审批，对超出权限的报高校管理者审批，请假获准后，由劳动人事部门通知员工并由考勤人员进行登记。

（3）加班记录及劳动定额完成记录应由员工所在部门主管签字核准后，送交劳动人事部门认可。

（4）工薪结算部门根据日常考勤记录、劳动（工作）定额完成记录、请假记录及考核结果的相关记录，按照高校工资计算规定及时编制工资单和计算奖金及各项社会保障金扣款额，经复核无误后交财务部门。财务部门根据员工工资所得，计算代扣个人所得税额、其他代扣款和实发工资，进行相关财务处理。

值得提出的是，工资结算部门除了负有计算工资和编制薪工记录之责外，不能兼做其他与工资计算有关的工作，如记录考勤、计时、工资发放等。工资结算部门应编制的表单，一般有薪工支票、每位员工所得与扣缴表、薪资日记账、员工分户账（载明每位员工的所得、被扣缴税款及其他扣除项目等）、薪资分摊表及报给税务机关的有关缴款书等。

3. 工资发放的控制

若以现金发放工资，应以装工资袋为宜。工资发放，高校应根据工资表实发数总额，以现金支票提取现金；然后根据个人实发数，分装个人工资袋；当时发生差错，当时查清，不得留到签领后再查。以现金发放工资时，个人应在工资表上签收，凡遇缺席，应将工资袋妥善保管，绝不可交由他人代转。若以现金发放工资，装好工资袋后一般不可将其分送各部门主管代发。

如以银行存款支付工资时，一般要在银行开立专户，会计部门根据工资表，将应付薪资总额造具传票，送往财务部门；财务部门据以自普通银行存款账户开出支票，转入薪资专户，然后根据每个人实发数从专户转存至各个员工工资银行存款户头。

（二）薪工控制的措施

薪工控制措施有以下内容：

（1）人事管理职能集权化，由专门部门和人员负责。

（2）人力资源计划的制订与其他的组织活动相协调。

（3）制订人事和工资的预算。

（4）人员的招聘要根据不同部门的实际需要。

（5）对重要的职位进行工作业绩的分析、考核与评价。

（6）为员工提供适当的培训和发展机会，并将培训和发展的活动记录于单独的人事管理文件。

（7）为员工提供适当的福利待遇。

（8）由管理层对员工的业绩进行定期的考核与评价，并将考核结果记录于员工个人的人事档案。

（9）员工的提升、职务调整和解聘必须经过审批，并记录于员工个人和部门的人事档案。

（10）人事档案应妥善保管，以防损坏、遗失和非法接触。

（11）组织向养老基金、政府有关代理机构和保险公司所尽义务的情况，应向管理层、外部审计人员和法律顾问进行审查，以保证组织更好地遵循有关的规定，履行有关的义务，并及时调整组织的有关政策。

（12）管理层和法律顾问定期对劳动合同进行审查，以保证组织政策得到有效的遵循和灵活调整。

（13）制定适当的政策和程序，及时了解员工的意见和要求，并采取有效的措施予以解决。

（14）员工工资状况的变动（包括由于雇用新员工引起的工资变化），经审批后，向工资结算部门报告。

（15）劳动人事部门和工薪结算部门定期将工资主文件和相应的人事文件进行核对。

（16）员工的工资以劳工合同或组织政策的形式予以确定，并应经过一定层次的管理人员的审批。

（17）工资的扣除项目和扣除标准，由员工个人在有关的声明上签章，以示同意。经过签章的声明应附在员工个人的人事档案上。

（18）工资单最好由电算化的工资系统来编制，否则，应由独立的人员来负责。此外，由专人负责将工资单与工资文件进行核对，审核工资单的完整性；该人员同时负责审核从劳动人事部门获取的工资输入文件。

（19）若工资以现金支付，应由独立的代理机构负责现金的发放。发放现金工资，可把工资装入专门的工资袋。此时，把现金装入工资袋的职员，不能负责工资单的编制。此外，现金应由两名职员分别点计，两人的点计金额核实一致后，才能装入工资袋。

（20）员工领取工资袋或工资支票后，应在收据上签章。

（21）为工资支付开立专门的银行账户。

（22）工资支票的签发人不能同时负责支票的填制。该签发人对有关会计处理和现金管理无须承担责任。如果用签章的方式来签发支票，专用章应由独立的人员来保管，其使用应受到严格的控制。

（23）工资支票由工资部门直接发给员工，不经过员工的主管。

（24）未领的工资应存入专门的银行账户，或者指派独立于工资部门以外的专门机构或人员负责保管。由于员工生病或出差等原因造成工资在短期内未被领取，该未领的工资可由员工所在部门或人事部门代为保管。

（25）在条件许可的情况下，考勤部门最好与工资部门分离。

（26）考勤记录与成本核算中的人工成本记录应定期与工薪结算部门的工资核算进行核对和调整。

（27）由员工个人填写工时卡和工作量统计单，并由专人进行审核。

（28）工薪结算部门应定期进行职务轮换。

（三）薪工控制的重点

薪工控制的重点主要包括以下方面，见表3-1。

表 3-1 薪工控制的重点

类 别	内 容
人力资源规划控制的重点	（1）人力资源计划须每年、每季更新。 （2）人力资源规划是全面性的，须考量升迁、教育、训练、薪资、激励、福利等项目。 （3）达到所需可用人力前的"前置时间"，在做人力资源规划时应予顾及。 （4）人力资源如有"冗员"，会造成员工劳逸不均与挫折感，应极力避免。 （5）员工职业规划的制订，应考虑个别员工的能力、个性等差异，且具有前瞻性；必要时可采纳员工的意见，以使其对高校产生认同感。
招聘作业控制的重点	（1）招聘和选拔的基本目的是增加选择适当人员的成功概率，因此，招聘、选拔方式的选择，要视其个别情况及应用此项方式的可信度及有效度而定。 （2）员工均须经审核或测试合格后，方可依规定聘用。 （3）人员选拔，除注意学历及经历外，应测验其学识、专业技能，并重视操守品德及身体健康。此外，亦可函询应征者过去服务高校主管的评语意见，作为取舍参考。 （4）新进人员招聘和选拔作业程序应依高校规定办理，应征应缴的文件表格须齐备，各阶层人员的任用应依规定的核准权限办理。 （5）选拔时，避免主观印象及给予规定外的承诺，双方均应坦诚相向。 （6）选择的招聘方式，务求客观公正，为高校遴选最优秀人才。制订的招聘条件，须保持适当弹性，当市场人力供应不足时，不妨稍微放宽，人力剩余时，条件不妨稍严。
任用作业控制的重点	（1）经营财、物人员必须有必要的担保手续。 （2）按规定办妥一切手续，并建立员工个人基本资料。 （3）工资标准依照规定办理。
培训作业控制的重点	（1）职前训练须能帮助新人明确了解高校的组织体系、各职掌、各项管理规章、高校文化，进而迅速适应工作环境，熟悉作业程序，发挥工作效能。 （2）训练内容应充实、生动，任何课程均有充分准备。 （3）负责安排、设计训练课程的人员或部门必须适当。训练可提升员工的生产力，具有前瞻性，应与高校各项政策相互配合。 （4）训练研习计划必须与人力规划密切配合，同时视业务需要，设计适当课程。训练期间尤其应重视考核，并将受训成绩列入人事记录，作为派遣、升迁的重要参考依据。 （5）管理者对下属受训的表现应予以指导及协助。
考勤考核作业控制的重点	（1）上班及下班时间，应按时考核。如有迟到、早退或旷工情形，均依高校规定做适当处罚。 （2）员工请事假、病假、婚假、丧假、产假、公假及特别休假，均依规定办理。 （3）员工请假手续、限制天数、证明文件、扣薪办法等，均依规定确实执行。 （4）绩效评估的目的是协助人力资源决策的制定及员工发展。 （5）评估标准与计算方式应事先告知员工。 （6）主管与员工讨论评估结果时，双方均有所准备。主管对员工的评估回馈，应具有建设性，同时对员工应充分了解。 （7）各级主管为办理员工考绩，应设有考评记录，考核方式应客观、公平。

续表：

奖惩升迁作业控制的重点	（1）各部门主管申请奖励员工事项，应依规定签报，同时具有充分条件及佐证，并定期发布。 （2）各部门主管申请惩罚员工事项，亦依规定签报，必须经过慎重审议，考虑各项因素后再做适当决定。 （3）报请升迁人员应符合高校晋级条件，按规定程序报请核定，并依权责发布。 （4）现行晋级办法必须具有鼓励作用，有助于高校提拔人才，提高工作士气。 （5）奖惩升迁必须做到公平、公正、公开。
工资作业控制的重点	（1）底薪、津贴、加班费、各项扣（罚）款及各项代扣款，应依高校标准及相关法律规定计发。 （2）代扣员工工资所得应依下列规定办理：①依扣缴率标准表按月代扣；②代扣款逐期报缴。 （3）代扣保费应依下列规定办理：①依员工所得投保的金额按保险金额表列的等级每月代扣；②代扣保费逐期缴送相关高校。 （4）工资按上、下两期如期发放，工资表经主管签章后办理发放作业。 （5）发放现金的，员工必须亲自领取工资袋，并在"工资领取登记簿"上签名盖章，未领的工资必须做适当处理。
福利作业控制的重点	（1）福利措施应合乎高校的负担能力，并让员工满意。 （2）福利工作应确实依照规定执行。 （3）福利金收支、账务、出纳必须控制良好。 （4）职工福利委员会应定期向员工报告公司福利金的收支情形。 （5）福利金支用应避免浪费或不必要的支出。 （6）各项福利项目应符合员工需求。 （7）各项活动的员工参与度应予以加强。
离职、退休作业控制的重点	（1）员工离职、资遣、退休，应查明有关规定慎重处理。有关员工自动要求离职的，应个别查明原因，采取适当措施，以降低不必要的人员流动率。 （2）员工离职、退休，应依高校规定时间内提出申请，办妥手续，并做好工作交接。 （3）符合资遣条件时，应查明已无其他可供选择的途径，方可资遣。 （4）退休为员工享有的权利，除已届龄者外，其余经验丰富、办事得力者应设法挽留。

值得注意的是，在工资控制中，特别要注意实行不相容职务的分离：工资单的编制与复核不能由一人担任，工资单的编制人、复核人不能同时担任工资的发放人；员工的录用和审核不能由一人同时负责，员工的辞退与审批也不能由一人同时负责；员工的考核与审批不能由一人同时负责；工资的编制、发放与工资档案保管也不能由一人同时负责。

三、绩效评估反馈

高等教育进入大众化阶段后，高等教育质量成为人们关注的焦点。对高校教师进行绩效管理便成为保证和提高高等教育质量的重要措施之一，绩效评估是进行绩效管理的关键环节。绩效评估有很多作用，管理者可以通过绩效评估进行人力资源管理，但是绩效评估的最终目的是将组织的目标和个人的目标联系或者整合起来以提高组织的效益。因此，要想实现这个目的就必须重视对评估结果的处理和运用，主要通过两条途径对绩效评估结果进行处理：一条途径的主体是被评估教师，即把绩效评估结果和分析报告反馈给教师个体；另一条途径的主体是高层管理者，即把绩效分析结果上报给高层管理者。因此，只有高层管理者和一线教师都能积极参与到绩效评估的整个过程中，绩效管理的最终目的才能得以实现。

（一）高校教师绩效评估目的

高校教师绩效评估的普遍兴起是由于高等教育质量逐渐成为社会关注的焦点，实施教学和管理的直接承担者及其教学管理绩效是高等教育质量的关键所在。因为教育有不可逆性，所以，高校进行绩效评估的最大目的是保证教育质量，提高教学效果。具体而言，高校进行绩效评估的目的有以下几点：首先，使被评估教职工认同对其绩效表现的评价以消除问题；其次，使教师认识自己的成就和优点，从而有利于教师充满信心地弥补不足；最后，通过沟通分析问题出现的原因，并根据学校的发展目标共同确定下一个阶段的任务。

（二）高校教师评估的特殊性

高效教师评估的客体是教师。高校教师是一个特殊的群体，与其他部门的员工相比，往往具有高学历、专业性强等特点，在个性、价值观念、心理需求、行为方式等方面具有很多特殊性，具体体现在以下方面：

（1）高校教师具有较高的素质。高校教师绝大部分都是受过正规化高层次教育的人，具有较高的学历、开阔的视野、博而专的知识、积极的思维方式、强烈的求知欲望、较强的学习能力以及其他方面的能力素养。

（2）高校教师具有强烈的实现自我价值的愿望。他们渴望展示自己才能，喜欢具有挑战性的工作，而且特别注重他人、组织、团队和社会对本身的评价，希望得到认同与尊重，更看重工作的成就。

（3）高校教师具有较高的创造性和工作自主性。高校教师在除授课以外的时间里，从事的大多是创造性的劳动，依靠自身的专业技能进行创造性的思维，不断产生新的知识成果。他们倾向于拥有宽松的、高度自主的工作环境、有弹性的工作时间安排，强调工作中的自我引导、自我管理和自我调节。在对高校教师实行绩效管理，尤其是在进行绩效评估反馈时，首先必须考虑到教师这个特殊群体的诸多特点。如果忽略了高校教师的这些特点，高校的绩效管理就达不到预期的效果。

（三）高校教师绩效评估反馈流程设计

1. 专家对评估结果的分析

评估体系和技巧决定着评估结果的可靠性和有效性，但是在绩效评估的过程中往往会存在一些计划之外的实际问题。那么，在对高校教师绩效评估结果进行处理时，就需要专家对评估结果进行分析，而不是通过简单的比较得出结论。专家通过对信息的加工、整理，得出绩效评估对象（高校教师）的评估指标数值或状况，将该评估对象的评估指标的数值状况与预先确定的评估标准进行对比，通过差异分析，找出产生差异的原因、责任及影响，最后形成绩效评估的分析报告。采取专家对评估结果进行分析的措施，一方面是为了尽量确保绩效管理的有效性和可靠性；另一方面可以为教师个体和高层管理者提供组织总体的绩效发展概况，并提供相应的诊断建议。这样，教师个体可以确定自己的工作优势和有待于提高的绩效领域；高层管理者也可以据此对教师队伍进行激励管理，帮助教师制订绩效改进的计划，以实现高校的组织效益。

2. 将评估结果反馈至教师

绩效反馈是绩效管理中最关键的一个环节。管理者应把绩效评价所得到的结果真实地反馈给教师，并清楚解释结果的由来，使教师了解到自己工作的绩效，认清自己工作中的不足，进而制订出绩效改进计划。但是，对于部分管理者而言，绩效结果的反馈是一个难题，也是一个不可回避的问题。每位员工都有其专长，这也就意味着每位员工都有其需要改进的方面。尤其是高校的管理者，他们面对的是一个特殊的群体，高校教师与其他部门的员工相比往往具有学历高、专业性强等特点，所以往往在个性、价值观念、心理需求、行为方式等方面具有很多特殊性，要想成为成功的高校管理者必须充分地了解并善于利用这些特点对教师进行管理。因此，向高校教师进行绩效反馈时就必须讲求方法和策略。

（1）管理者必须是真诚的，反馈的氛围是具有建设性的。在进行反馈之前，管理者要做好充分的准备，和教师商定面谈的时间和地点，选择双方都比较空闲的时间以确保反馈时双方都能集中注意力，认真对待这件事情，而不是走过场。地点最好是选择比较舒适、放松的环境，如小型会议室、类似咖啡厅的休息地点。最为重要的是管理者要熟悉面谈教师的评估资料，不仅包括他的工作情况，还要包括他的背景、经历、性格特点等。对反馈对象有了充分的了解，管理者才可能预测到在反馈过程中可能出现的问题以及应对策略，知己知彼，才能百战不殆。这种做法也使教职工在反馈前能够做充分的准备，可以引导管理者重新回顾自己的绩效行为、态度和结果，准备好相关证明自己绩效的依据；准备好要向管理者提问的问题，以帮助自己解决工作过程中的疑惑。

（2）反馈是对具体行为的反馈。在反馈过程中，管理者要针对具体的行为和事实给教师做出具体的反馈，用具体结果支持结论，引用数据，列举实例，这样才能让教师心服口服。

（3）管理者要提高沟通技巧。

第一，沟通是人际关系和谐的必要条件，有效的沟通才能够达到好的效果。如果管理者在绩效反馈过程中没有应用有效的沟通技巧，结果只会适得其反。因此，要达到预期的效果，管理者必须提高沟通技巧。沟通必须以平等为原则，保持双向的沟通。只有以平等为原则，才能实现有效的双向沟通，才能使全体教师参与到管理活动中来，教师才能意识到是自己在管理自己，这就迎合了高校教师较强的自主意识。

第二，管理者在进行绩效反馈时首先要鼓励教师对自己的工作进行自我评价。通过自我评价，教师可以认真地思考自己的工作绩效，从中发现自己的优势，找出自己的不足。认真思考的教师能够更好地参与到反馈过程中。高的参与度往往会带来高的满意度。

第三，少批评多鼓励。绩效反馈的目的是向教师提供准确的绩效反馈，不仅是找出问题、解决问题的有效途径，还是管理者对教师进行激励的有效途径；管理者要看到教师的成绩，给予肯定并表示祝贺。

第四，管理者要明确沟通的目的在于解决问题。这并不意味着绩效反馈就只是为了找出员工在绩效中存在的问题。绩效反馈过程中要遵循多表扬少批评的原则。赞扬往往会强化员工的相应行为，表扬也能够营造宽松的交流环境。针对教师的不足，管理者应该明确沟通的重点要放在解决问题上，而不是员工个人或者他本身的价值；在沟通过程中管理者不仅要帮助教师找出缺陷，还要分析问题存在的原因，并且管理者和员工还要针对原因就如何解决这些问题达成共识。

3. 将专家分析结果反馈给教师

专家对组织绩效结果的分析，能够反映出整个组织的绩效现状，指出存在的问题和改进的建议等，这一方面有利于教师了解目前组织绩效的状况，并与自己的绩效现状进行对比，找出自己的优势以及需要改进的地方和程度；另一方面也为管理者和教师进行绩效反馈面谈提供了一个科学、有效的凭证。教师可以针对反馈信息，就自己的工作领域提出问题，同时也可以对学校的管理等工作提出相应的建议，这些问题和建议又可以反馈给专家和高层管理者，专家对这些来自反馈信息的反馈进行分析，高层管理者对这些信息进行综合考虑，为反馈会议的召开做好充分的准备。

4. 反馈会议

反馈会议是高层管理者和教师进行沟通的一种有效途径。高层管理者和一线教师在专家的帮助下通过共同改进计划并确定下一步要达到的绩效目标，使教师的个人目标和绩效改进计划与学校的发展目标和计划达到一致。

（1）营造舒适的气氛并明确会议的目的。对于绩效反馈这样的会议，教师常常会有不愉快的经历，因此，在会议之前他们常常会感到紧张，或者不舒适。管理者要想在会议中实现双向的沟通，就要明确会议的目的，并且会议上的行动要和所阐述的目的相一致。

（2）鼓励教师发表自己关于绩效评估的意见和以后的打算，以及对组织目标发展的建议。高层管理者只有在集思广益的基础上，优化选择，才能实施有效的绩效管理，同时也增加了教师的归属感和主人翁意识。

（3）高层管理者和教师确定具体的改进计划。在管理者和教师进行绩效反馈面谈的基础上，在高层管理者和教师对绩效评价结果达成共识后，高层管理者和教师共同制订组织的绩效目标和个人的绩效改进计划。一方面，教师参加到学校的绩效改善计划制订的过程中，会增加他们对绩效管理制度的满意度；另一方面，教师可以使自己的绩效改善计划得到上级的支持和帮助。反馈会议是确定下一年绩效目标的切合点。可见，目标的制订有利于提高员工的满意度，激发员工改善绩效的动力，以实现绩效的真正改善。

第四节　高校审计绩效评估指标体系控制

一、高校审计绩效评估指标体系控制的原则

（一）重要性原则

指标体系的构建应在高校内部审计绩效的所有指标中取舍，应重点考虑能反映高校内部审计关键业绩驱动因素的衡量参数，而不是对内部审计管理和具体业务所有操作过程的反映；评估不能面面俱到，而应该有主次之分，有重要与次要之别。

（二）相关性原则

相关性原则是指绩效评估指标的构建要与内部审计发展战略相关，绩效评估的有效实施会使内部审计组织行为统摄和导向到发展战略目标上来，能正确引导组织的行为。绩效评估的目的就是引导、帮助被评估对象实现其战略目标并检验其战略目标实现的程度。因此，在构建评估指标体系时，应从高校内部审计的发展战略出发，考虑评估指标与战略目标的相关性来构建绩效评估指标体系。

（三）适当性原则

评估应总体把握指标的数量和权重，指标数量不可太多，否则耗时费力；也不可太少，否则就难以对内部审计绩效的整体性和评估的客观性进行权衡。确定指标权重也要注意适当性，要按照科学的计算方法和指标在绩效中的重要程度来确定，为对指标进行科学统一的记分测量打好基础。

（四）可测性原则

指标可测性在任何绩效评估指标体系的构建中都是极其重要的原则。指标不可测量，评估主体就没有足够的权力去控制它，指标本身也就毫无意义。可测性主要包括绩效评估指标本身的可测性和指标在评估过程中的现实可行性。

1.绩效评估指标本身的可测性主要指评估指标可以运用现有的工具测量获得明确结论，一种是能直接量化的指标；另一种是不能直接量化的指标，定性描述也应该具有直接可测性，或者通过可测的间接指标来达到量化的目的。

2.指标在评估过程中的现实可行性有两层含义：一是评估过程中能否获取充足的相关信息；二是评估主体能否做出相应的评估。如果指标很理想，但找不到具有相关素质的评估主体对该指标做出正确的评价判断，则指标也不具有可测性。

（五）实用性原则

评估指标的设计应该具有实用性。因此，评估指标的设计应做到三点：①评估指标

体系要繁简适中，计算方法要简单易行。评估指标只要能反映整体的、基本的情况即可。②评估指标所需的数据易于收集。各种评估所需的数据应从现有的统计资料信息和审计工作开展过程中获取，或者通过专家检查获得。③设计的各项评估指标及计算方法要明确。各项指标的内涵和外延要限定，以方便不同的人进行实际操作。

（六）定性与定量原则

定性的（主观的，或以工作价值为衡量标准的）指标和定量的（客观的数字、业绩等）指标，都是评估绩效的重要依据。在绩效评估中，仅仅以定量指标来评估是不完整的，有很多绩效的指标只能是定性的，无法直接以数量的形式表述，或者说只能通过其他方式如专家评估打分的形式间接转化为数量型参数。定量指标能客观、清晰地表述绩效，定性指标则是对绩效表述的一种补充，是从另一个侧面来评估绩效。无论是缺定量指标还是定性指标，对评估而言，都是不完整的，都不是客观、公正的评估。在绩效评估过程中，要将定量指标和定性指标相结合，实现共同服务与绩效评估的目标。

二、高校审计绩效评估指标体系构建的内容

高校内部审计目标的分解与其绩效评估在指标体系上应保持一致。具体分析指标内涵是设计指标体系的基本方法。目标经过分解，并根据指标体系构建的原则转化为指标体系后，还要进一步分析和明确指标的内涵与地位，确定相应指标的权重，分别对可量化和不可量化指标进行调整、修改和完善。要加大重要指标的权重，不能均衡分配权重，要有轻重之别，要体现与目标直接相关指标的重要性。要避免指标内涵之间相互重叠。要区别可量化和不可量化指标，能区别直接量化的指标和间接量化的指标。有些指标不能直接量化，则可寻求二次量化方法或分解量化、转化量化等方式进行，但不能勉强量化，以免出现太大的评估偏差。指标要尽可能简化。但要确保重要指标，减少不必要的指标，有的指标可删除，有的指标可合并，也有的指标可列入附加项目。

高校内部审计绩效评估指标体系构成的主要内容有以下方面：

（1）审计基础建设指标体系的构成。评估内部审计的基础建设情况是内部审计绩效评估的重要内容。内部审计基础建设的好与差是影响内部审计绩效水平的重要因素。在对高校内部审计进行绩效评估时，应该从高校内部审计制约绩效水平的因素出发，把内部制约因素和外部反映状态、动态运行和静态结构有机结合，把显性的管理状况和隐形的发展潜力结合。审计基础建设指标主要包括机构建设、制度建设和人力资源建设三个二级指标。其中，机构建设又包括审计组织和领导、审计机构及地位、审计经费保证情况、审计职责履行情况等因素。制度建设包括审计制度制定情况、制度执行情况、审计管理效率情况等因素。审计人力资源建设包括审计后续教育、人力资源结构情况、持证上岗情况、勤政廉政状况等影响因素。

（2）审计作业质量指标体系的构成。审计作业质量是体现内部审计工作规范化、制

度化、科学化的重要内容，也是审计绩效评估指标体系的重要组成部分。内部审计同外部审计相比，由于所处地位不同、职责功能差异，审计作业全过程所涵盖的内容也不尽相同。其差异性突出地表现在内部审计作业全过程在前后阶段都会比外部审计有独特的延长线。高校内部审计作业全过程应该包括审计项目立项、审计项目审前调查、下达审计通知书、编制审计方案、收集审计证据、编写审计日记、编写审计工作底稿、编写和审核审计报告、下达审计意见与审计决定、执行审计结果、整理和归档审计档案等主要环节，其中审计项目立项和审计结果执行是内部审计特有的两个重要环节。在审计绩效评估指标的构建中，既要考虑内部审计作业的环节，也就是审计作业的步骤（即程序性），也要充分考虑内部审计作业遵守《中华人民共和国内部审计准则》的情况，从而在审计作业质量指标下设立审计业务执行作业程序（即审计步骤数）、执行内部审计准则规范的情况、审计作业合法合规情况以及审计作业完整性共四个二级评估指标。

（3）审计成果指标体系的构成。审计业绩包括两方面：一是开展审计工作的工作量；二是开展审计工作所取得的效益。审计工作量主要是指审计内容，即审计开展了诸如财务审计、任期经济责任审计之类的审计内容。但各高校审计因审计力量的差异以及学校内部管理需要的不同，开展的审计内容也各有差异，但总体而言，高校内部审计部门一般都开展了财务收支审计、干部任期经济责任审计、基建及修缮工程项目审计、审计调查等工作。

第四章 高校财务管理创新

第一节 高校财务管理创新的原因

以下从理念与观念、技术与方法和内外环境三个方面分析高校财务管理创新的原因。

一、高校财务管理创新理念与观念方面的原因

（一）成本意识的缺失

随着国家对于教育事业的大力支持，在高校的研究经费投入上力度也在逐年增多，但是目前部分高校依旧存在经费紧张的状况，追本溯源，这个问题关键还是在于学校成本意识的缺失，在经费花费过程中，高校财务缺乏一个明确的管理方式，而且对于成本意识不够重视，这样导致的最直接后果就是学校在资金使用方面仍然存在不合理消费的现象。比如，在设备的采购过程中把关不够严格，急需使用的设备由于资金不足而无力购买，不急需采购的设备过量采购等，这些问题都是高校在财务管理中成本意识缺失的主要表现。

（二）财务风险意识不足

财务风险意识不足，银行贷款规模过大产生负债风险。相对于快速的高校教育事业发展而言，财政性教育经费投入严重不足，使得高校不得不通过向银行借款来谋求快速发展。

虽然部分高校积极利用银行贷款改善办学条件，解决了事业发展过程中的实际困难，但普遍存在贷款的风险认识不够，贷款论证不充分，基本建设资金过度依赖银行贷款，贷款规模超出高校的经济承受能力，还贷责任意识不强。同时，随着国家贷款利息的调整，贷款利息支出增加了学校的财务负担，致使财务风险系数增加。

（三）财务管理地位和作用缺乏认识

大多数高校对财务管理的地位和作用认识不足，职能定位较低。受传统计划经济体制下教育管理的影响，学校财务管理部门的职能定位只局限于会计核算与记账功能，对其作为学校重要管理部门应当在学校宏观调控以及重大决策中发挥重要作用缺乏足够的

认识，如在土地购置、设备购置等重大项目的立项、可行性论证等过程中鲜有财务人员参与。

（四）财务管理理念与意识的缺乏

目前，部分高校财务管理工作中存在财务管理理念陈旧的现象，财务管理工作重核算、轻管理、少分析，缺乏责任心、缺乏理财观念、缺乏长远意识。财务管理工作不但要起到预算、核算的作用，也要起到对财务工作的监督和管理的作用。但是，很多财务管理人员只侧重对预算、核算数据的把握，缺乏对财务工作的监督，忽视对财务数据的分析和决策以及对形势的把握。很多财务管理人员错误地认为，预算、核算是财务管理人员的本职工作，只要把预算、核算工作做好就完成了任务。核算、预算工作对财务管理人员而言固然重要，但对财务工作的监督和监管、对数据的分析和决策、对形势的总体把握更重要。

伴随着教育体制的不断改革，各大高校都在通过不断地提高科研学术水平来提高其竞争力。因此，教学科研研究近年来在高校中越来越受到重视。教学科研研究的基础就是经费，但是部分高校都过分地重视学校的教学科学研究项目，而忽略了支撑其开展的财务管理。一些高校为了增强自己院校的科研项目研究而加大对其投资，虽然在人才聚集的高校应当以学术为先，但是如果高校财务管理意识淡薄就极易忽略项目研发方面的财务经费数量，使得在盲目上项目的过程中缺乏合理的预算，没有科学的审核。在高校师资队伍建设过程中，由于对于财务管理没有一个正确积极的认识，学校只注重对专业素养较高的人才培养和引进而忽略了财务管理部门专业人才的缺失，而这些都是由于管理意识的缺失导致的，将对整个学校的可持续发展产生影响。

（五）重核算轻管理和风险意识淡薄

由于原有的财务管理模式长期存在着"重核算轻管理和风险意识淡薄"的管理思想，与社会、企业之间主动对接的意识不强。同时，高校的经费来源主要包括政府财政全额拨款的预算内资金和学费收入（预算外资金）两个部分。在学校的经费中，大部分被用来满足其日常运转的需求，而被用于大的教学实训设施建设的资金则非常有限，经费总体上较为紧张。同时，由于对资金的预算管理相对滞后，严重地阻碍了学校的改革与发展。此外，由于传统集中核算的"报账型"财务管理模式主要注重核算，缺乏财务预算的理念，往往认为财务预算管理只是一种表面的形式工作，没有建立科学有效的财务预算管理及监督机制，未能将财务预算管理的责任真正地落实到位，因此，容易导致其在资金的使用和财务制度的安排上无法满足高校的人才培养工作需要，尤其是在教学体系改革、实训环节和师资队伍的建设等方面，人才质量往往未能得到切实的保障。传统财务管理模式下所形成的财务管理理念在某种程度上影响了人才培养的质量。

（六）缺乏全面预算意识

第一，除了财务部门之外，高校的其他部门也没有真正地树立全面预算的观念，其他部门人员往往认为预算管理是财务部门的事，与自己无关，这就容易导致预算缺乏科学性和合理性。在统筹经费方面，从分管财务的领导到基层的办事员均缺乏自主办学的法人意识。

第二，财务部门缺乏科学理财的观念，其理财的主动性和积极性不足，没有深入对全校校务活动进行预测和分析，缺乏全局的观念，缺乏对基于工学结合的"教、学、做一体"式的人才培养模式的深入认识，没有挖掘和设立其专项经费来源与开支计划，甚至常常因急于满足日常经费的需求而挤占教学、实训经费，并因此而影响学校人才培养工作的有效进行。上述这些问题与传统的财务管理模式中过度的"集权"观念均有着很大的关系。由于受制于传统的高校财务管理观念以及由其所引致的诸多问题，致使高校难以适应新体制的要求，急需树立财务管理的新理念，以提高高校的自我发展能力。

（七）缺乏先进的理财观念

部分高校财务管理人员素质参差不齐，缺乏先进的理财观念，思维模式仍然停留在计划经济体制时代，尚未建立起诸如资金使用价值、风险价值、机会成本、边际成本等市场经济条件下的财务管理新观念。在日常工作中重核算、轻管理，学校财务沦为学校各部门的出纳，没有很好地发挥其管理职能。

二、高校财务管理创新技术与方法方面的原因

（一）财务核算存在的主要问题

（1）各财务利益主体之间信息不对称。目前高校各财务利益主体多元化，包括财务部门的所有人员、对经费具有审批权人员、处（部、学院）报账员、学校一般老师和学生。由于高校人员所扮演的财务角色的不同，他们各自对相关财务信息的获得渠道、数量、质量不同，造成信息的不对称状况。由于信息的不对称，处于信息劣势的人员对相关财务知识缺乏了解和掌握，办理财务相关业务时，不能辨别原始票据的合法性，不熟悉财务流程，经费项目支出不明确等，仅凭自己感觉规范的财务资料和报销资料来办理财务手续，降低了工作的沟通效率。信息不对称状况的存在，使得高校财务主体与其他相关利益主体之间信息沟通差距难以缩小，会计核算工作效率低。

（2）高校信息化管理水平有待加强。高校财务管理不仅实现了局部网络化会计核算方式，而且多校区财务管理也逐步实现了远程的 VPN 实时控制模式。但目前信息传递的时效性不足、成本较高，业务流程与管理流程之间不能紧密合作，导致财务信息的实时性、相关性、有用性受到极大影响，无法满足师生的需要。另外，财务软件功能存在不足。财务软件是高校网络财务发展的基础和前提，现行的财务软件作为开发的商业软件，

具有稳定性，但缺少灵活性和针对性，不能直接生成高校决策群需要的财务信息数据，需要对财务软件导出的数据进行加工才能完成财务信息的分析和预测，降低了信息反馈的时效性。

（二）财务预算管理存在的问题

1.对于预算工作不重视

对于高校的财务管理而言，预算工作应该是其中的一个重要工作。它同企业的预算有很大区别，但是共同点就是为了更好地理财，更好地分配资源，从而最终有计划地完成目标，同时实现利益最大化。但是一些高校却认为预算工作是企业用来更好地盈利的工具，而高校属于事业单位，搞好教学科研工作就好，从而缺乏对预算工作的重视，这样的最终结果就是导致财务预算工作没有在一个科学合理的环境下进行，从而导致后续的财务管理工作没有依据而混乱。

2.预算管理工作不全面

一般而言，高校作为一级预算主体，预算的编制工作都由财务部门独立完成，但财务人员对预算编制客体的了解并不充分，大多数是由于对数据的掌握不够完全，即根据上年预算基数和当年发展的需要确定当年预算，没有结合高校发展的实际。脱离了发展，没有用发展的眼光看待事物的发展，必然会导致预算工作缺乏预见性，这样便直接导致预算工作没有体现自身的预见性，这种由财务部门独立编制的预算并没有反映出整个学校的财务收支全貌，也无法体现出学校的工作重点和发展方向，因此，使得高校财务预算的全面性有所影响。

3.缺乏科学、合理的全面预算编制方法

对于目前部分高校而言，虽然它们也深知全面预算管理对高校发展的重要作用，但是在实际实施过程中存在的问题，就是缺乏科学、合理的全面预算编制方法。方法对任何一件事物的作用都较大，只有在正确方法的指导下方能进行具体项目的实施，对于现代高校全面预算而言亦是如此。

4.执行预算管理过程中缺乏有效的考核和激励措施

目前，部分高校对员工进行奖惩主要可以通过如下两种方式进行：以考核结果来对奖惩加以执行；对高校相关责任人的考核。

5.预算与高校的实践脱节，缺乏必要的客观性

目前，有很多高校以历史指标值和过去的活动为主要基础，来对未来的预算指标值加以确定。在这个过程中，高校并未对其未来活动作出科学评估，因此，通过一定方法计算出来的高校预算指标值可信度低，很难成为评价或考核员工的有效标准。

6.财务管理评价体系和评价标准缺失

在新会计制度实施之前，高校的财务管理工作仅限于财政拨款的收付实现，根本没有建立评价指标体系。国家大力发展高等教育后，高校的规模和资源结构出现了重大改变，

其财务管理涉及的经济行为更广，财务风险明显增大，此时财务分析和财务决策的重要性凸显。

（三）投资管理与收益分配问题

1. 投资管理问题

随着高校自主办学力度的加大以及国家和高校加大对校办产业的扶持力度，学校通过投资、出租等形式向校办产业和其他经济实体转化而形成的经营性资产大幅度增加，高校逐渐融入市场经济中，但由于缺乏市场操作的经验以及有效的预算机制和投资管理体制，部分高校在投资决策上缺少方向，投资的总体状况得不到全面反映，缺乏合理的投资论证和有效监督。

高校的资金链一般是滚动式的，高校迫于竞争压力不断追加投资、盲目扩张，其投资行为隐藏着巨大的市场风险，特别是在投资过程中没有深入做市场调研和可行性研究，所立项目缺乏科学的论证，项目决策缺乏严密的审批与控制制度。对项目资金保障没有充分预计风险，一旦资金链断裂，风险随时暴露，不利于高校的稳定发展。

2. 收益分配问题

就部分高校内部的资源配置而言，重视物力资本投资，忽视人力资本投资，资本投资的短期行为严重；将人力资本投资的负担转嫁给院系，而集中全校之财力发展固定资产投资，这就是当代经济学人力资本理论所指出的重视物力资本投资、忽视人力资本投资现象。另外，对教学改革与课程教材的投入、对师生的投入、对科研图书资料等的投入则严加控制，能少则少，使高校正常的教学、科研支出受到严峻挑战。各专业院系为了保障本单位的人力资本支出，保证广大职工教学科研工作的顺利进行，不得不耗费大量资源开展各种创收活动。在高校内部的投入分配上违反教育规律，在办学资源、科研投入得不到充足供给与保障的情况下追求资源的使用效率，使资源过度集中于少数强势个人和组织，不利于学校整体实力的提升。

高校财务管理基本采用"统一领导、集中或分级管理"，部分高校已实施一定程度上的学院自主理财，但多数高校的财权仍然集中在高层，而高校的教学、科研等任务的中心主要在基层，支持决策的信息也主要来自基层，因权力和责任的分离、决策和信息的不对称，使高校的资源配置决策经常因为缺乏科学依据而发生不同问题。

（四）资产管理问题

我国多数高校长期以来实行的是高度集中的财务管理模式，其中教育经费是由各级政府财政统一安排的，在这种模式下的高校管理缺乏主观能动性，与此相对应，其在国有资产管理方面也存在着需要完善和改进的地方，体现在国有资产管理上只注重于向上争取国有资产投入，很少注重于现有资产的优化配置、内部强化管理、服务社会、余缺调剂等管理观念，因此，出现了多头购置、重复购置、资产闲置等现象。同时，高校资产管理还存在着管理机构不健全，以及多方管理等问题；部分高校的后勤部门和物资设备管理部门在国有资产管理中存在着职责权限界定不清等问题。部分高校缺少专门统一的国有资产管理机构，有些虽然已设立国有资产管理机构，但缺乏高素质的国有资产管理人才，管理人员缺乏必要的业务知识培训和系统综合的全方位管理理念。此外，现有的资产管理手段较为落后，部分学校没有充分地运用现代化信息平台进行管理，这对资产的统计、处置、查询等造成了诸多不便，资产使用部门、财务部门和国有资产管理部门缺乏必要的协调配合，并最终导致了实物和资产清查卡之间长期不符。

在现行的财务管理模式制度安排中，普遍存在着资产管理制度不完善和内控制度不健全的问题。受传统管理模式的影响，有关各方对学校资产的性质及效益性认识不足，特别是对无形资产更是疏于管理，甚至将其排除在资产管理的范围之外，从而导致部分国有资产的管理规定出现问题。

第一，资产管理不规范。部分高校存在以下现象：固定资产入、销不及时，入账价值不准确，形成大量账外资产，高校固定资产所有者与使用者的分离，造成了管理混乱，形成卡、物不相符现象；仪器设备等固定资产求大、求新，重复购置资产，购入资产闲置不用，使用效率低等现象普遍存在，由于内部控制制度不健全，高校对固定资产管理不严格，不计提折旧，设备利用率低，实物资产价值缩水严重。

第二，高校对资产的综合利用缺乏系统性。高校往往从内部各个基层的需要出发来添加购置物资设备，这些资产一经形成就为单位或部门占有、使用，很难做到资产在全校范围内资源共享。比如，有的院系的实验用房相对空闲或都能进行对外创收，有的院系的实验用房则过于拥挤、紧张，这些空闲或紧张的实验用房又难根据需要及时调剂。

第三，高等院校资产管理制度不健全。目前高校资产管理面临的一个非常严重的问题是多头管理，隶属关系及产权界定不清造成了资产职权划分不明等问题。而在具体的使用管理上，高校资产管理又是多头分管，缺少统一的管理与协调机构。

（五）财务绩效管理存在的问题

高校的财务绩效评价体系是其财务管理模式的重要组成部分，因而，如何建立一套科学可行的财务绩效评价体系就成为重构高校财务管理模式的难题。财务管理绩效评价体系就是对高校在经济责任制与财务监督、筹集资金、资源优化与配置、财务预算控制与管理、财务制度与财务信息等方面进行评价。传统的集中管理是"报账型"财务管理模式，往往只注重于会计的日常核算，却不注重会计的其他职能，如参与决策、预测、协调和评价等方面的职能，因而缺乏进行财务绩效评价的理念。近年来，随着各项改革的不断推进，高校在办学过程中的经济行为也日趋多元化，使得其财务管理所面临的局面日趋复杂，这就要求高校在重构财务管理模式时需要考量绩效评价问题，需要尽快地建立完善的财务绩效评价体系。

三、高校财务管理创新内外环境方面的原因

（一）高校财务管理中的新财务制度

随着我国高等教育事业的发展，高校财务管理工作的内外环境发生了巨大的变化，资金来源日趋多元化，高校资产规模大幅度增加，经济活动更加复杂。如何有效地开展经济活动，并对经济活动进行规范管理，确保经费使用安全、规范、有效，将是高校财务管理工作的重点，新《高等学校财务制度》（以下简称《制度》）的出台是在该背景下对高校财务管理提出的新要求：

1. 管理责任更加明确

第一，新《制度》在总体上进一步体现了高校的法人主体地位，明确了财务工作实行校长负责制。按照高校内部治理结构的要求，校长负责并不意味着校长个人承担所有的责任，而是在学校党委的领导下，校长应当明确学校财经工作的议事规则和决策程序，严格执行"三重一大"集体决策制度，完善多层次的经济责任体系。第二，进一步明确了高校实行"统一领导、集中管理"的财务管理体制，规模较大的学校可以实行"统一领导、分级管理"，但必须遵守和执行学校统一制定的财务制度，并接受学校的统一领导、监督和检查。第三，强调高校应当设置总会计师岗位，协助校长进行财务管理工作，明确了总会计师岗位的权利和责任。

2. 制度要求更加精细

第一，强化了预算和决算的程序及制度要求，对预算编制的依据、程序及预算调整提出了更具体的要求，增加了决算管理的有关规定；第二，收支管理要求更加细化，调整了收入和支出的分类和口径；第三，完善结转和结余管理，明确结转和结余按照同级财政部门的规定执行；第四，强化了资产管理，调整了固定资产分类和价值标准，要求应当对固定资产计提折旧，不得使用财政拨款及其结余进行对外投资，对资产的出租、出借进行了更严格的规定。

3. 成本费用管理更加规范

与原《制度》相比，新《制度》增加了成本费用管理的内容，要求高校应当根据事业发展的需要，实行内部成本费用管理，加强成本核算。按照相关核算对象和核算方法，对业务活动中发生的各种费用进行归集、分配和计算；在支出管理的基础上，将效益与本年度相关的支出计入当期费用，将效益与两个或两个以上年度相关的支出，以固定资产折旧、无形资产摊销等形式分期计入费用；要求高校应当建立成本费用与支出的核对机制，实行成本费用分析报告制度。

4. 风险控制更加严格

新《制度》明确要求高校应当建立健全财务风险控制机制，规范和加强借入款项管理，严格执行审批程序，不得违反规定举借债务和提供担保。高等学校应当严格控制对外投资，

在保证学校正常运转和事业发展的前提下，按照政府有关规定可以对外投资的，应当履行有关审批程序。

5. 财务监管更加健全

第一，新《制度》明确了高等学校财务监督的主要内容，要求对财务运行的全过程进行监督，形成事前监督、事中监督和事后监督相结合，日常监督和专项监督相结合的监督机制；第二，要求建立健全内部控制制度、经济责任制度、财务信息披露制度，依法公开财务信息；第三，要求学校自觉依法接受主管部门和财政、审计等部门的监督，主动接受社会公众监督。

（二）高校财务管理中的新会计制度

目前我国高校新会计制度下财务管理工作的现状及问题表现如下：

1. 财务内部控制制度不健全

虽然财务管理制度伴随着我国高校的发展也有所发展，但是与我国高校事业的迅速发展相比，高校财务管理的发展显得有些落后。目前的财务管理制度已经不适应我国高校的发展。高校财务管理案件近年来时有发生，内部控制制度的不健全是造成高校财务管理工作出现问题的一大原因，主要表现在三个方面：①内控内容不健全。部分高校的内部控制实际缺乏对内容的严格监督和控制。②内控范围有限。部分高校的内部控制范围仅限于强调财政资金内控的有效性，而忽略了对高校内各院系财政资金的控制。③内控执行力度较低。有些高校的内部控制内容虽然很完善，但是在实际的执行过程中并没有完全按照这些内容来执行，甚至置之不理，使一套完整的内部控制体系形同虚设，不能发挥它应有的作用。

2. 财务运行机制有待完善

我国高校的财务管理与其他企业相比存在差距的一大原因是高校的财务管理没有合理科学和完善的财务管理制度，这就导致高校财务管理工作的运行机制也是不健全的。高校财务管理较为复杂，要想达到资源优化配置是很难做到的，不完善的财务运行机制会影响高校其他工作的顺利开展。

3. 财务管理人员结构不合理

很多高校只重视教学和科研工作的开展，却轻视财务管理工作对高校发展的重要性，忽视高校财务管理工作的进行。其中，财务人员的任用是直接的表现，部分高校把没有达到专业要求条件的人员聘用为财务管理工作者，而那些具备高水平专业财务知识的人员只是负责记账或者出纳工作。另外，很多高校的财务人员的专业知识老化，对现代会计知识不了解，更谈不上对新技术的应用。不能用新的思维、新的技术去看待和处理问题，更谈不上财务管理创新。新经济时代下科学技术的快速发展对高校财务管理工作提出更高的要求，所以高校财务管理工作创新需要的是专业知识过硬、技术过硬、思想品德高的专业会计人员。

4. 成本核算不完善

我国部分高校在财务管理工作中注重资金管理，却忽视了对固定资产的管理工作。学校的教学科研设备和其他公共设施也是学校的资产，对这些固定资产的管理不严格也会造成学校资产的流失和损失。另外，高校在教学科研投资时缺乏相应的成本分析，导致资金不能达到最大化的利用。

（三）高校财务管理中的知识经济

随着知识经济时代的到来及市场经济体制改革的深入，高校面临新的生存环境，与高校管理息息相关的财务管理工作也面临新的挑战，其财务管理工作已不仅仅是筹资运作及核算管理方面。

知识经济是以知识为基础的经济，它的技术含量很高。高校人才云集，其发展目标是传授知识，培养人才，创造最佳社会效益。高校既是培养科技人才的基地，又是高新技术创新的发源地，可见，高等教育是高技术的诞生地。

知识经济的社会将是学习的社会，知识经济的时代将是教育的时代，在其中，高校具有责无旁贷的责任。而高校财务管理工作已经渗透到高校的各项管理工作中，面对知识经济的社会，高校财务管理正面临新的挑战，迎来了新的生存环境和改革发展机遇。

随着全球知识经济的兴起、网络信息时代的到来及电子商务的蓬勃发展，高校的经济环境、政治环境及教育环境发生了变化，为了适应其发展需要，推动内涵建设，高校相继从 20 世纪末进行了大规模的重组及合并，这就对高校财务管理提出了新的要求。高校财务管理是高校组织自身财务活动、处理各种财务关系的一项经济管理活动。随着"以财政拨款为主，多种渠道筹措教育经费为辅"的教育投入体制的确立，财务管理的主要职能表现为：拓宽渠道，筹措资金；编制预算，分配资金；预算控制，使用资金；资产管理，合理配置；财务报告，财务分析；健全体制，财务监督。财务管理不仅是分析财务指标、研究财务信息，而应该形成一个综合财务信息系统，全方位、多角度地进行分析和研究，不仅是预算编制、预测分析、决策分析及控制等，而应站在战略性高度，对一些非财务指标的业绩评价提出全面分析，同时建立高校财务管理网络信息系统等。

（四）高校财务管理中的经营性理念

随着教育体制的改革，高校的教学管理理念已经不再是原来的那一套方法，而是逐步在向更高层次发展。现在的高校在原有的管理基础上对其管理办法有所创新，引进了高校经营性理念。虽然经营性理念在高校中并没有完全普及，但是已经为一部分学校的管理人员所看好，并已经被运用到实际的工作中，经营性理念在财务管理中的运用主要是通过对学校所拥有的或可控制的资源进行优化配置与整合，把提高资源使用效率和运作效益作为目的的一系列筹划营销活动。在学校教学活动顺利进行的条件下，缩小其成本，提高学校的效益，最大限度地利用学校的人力、物力与财力等各项资源，并且使其能够再生与增值，自然形成高校的"管理性经营"。

（五）高校财务管理中的市场经济环境

1. 市场经济发展下高校财务的特征

随着市场经济的发展及教育改革的不断深化，高校所需经费已从国家统一拨入的方式改为多方筹集的方式，其财务特征也随之有了很大变化。

（1）资金渠道多元化、社会化。财政拨款不再是教育事业资金投入的唯一渠道，预算外资金增加使高校教育经费形成持续增长态势。

（2）后勤服务社会化。后勤通过体制改革，转换机制，非经营性资产转变为经营性资产，要求高校对后勤资产重组，并作为学校对后勤服务集团的注册资本金投入，建立起一种以资产为纽带的新型控制关系，从而实现实物管理向价值管理方面转变。

（3）投资方式复杂。投资不仅以学校自身实物资产投资，而且以"无形资产——学校声誉"投资，校企联办，校院、校系联办使学校"无形资产"核算与管理难度增加，如何加强这部分资产管理是值得研究的问题。

（4）债权债务规模扩大。在拓展办学规模、增强办学硬件实力方面，高校除吸引外资、社会捐赠外，还吸收了大量金融与非金融机构贷款，这就对高校财会人员风险意识、财务分析能力提出了高要求。

（5）预算更加复杂。预算外资金不断攀升，有的已超过预算内拨款，形成预算外资金大于预算内资金的态势。

2. 市场经济条件下高校财务管理的内容

财政投入仍是高校办学经费的主要来源，科研事业收入、学校向校办产业投入获得的收益，以及社会各方捐资助学收益等多方面筹集的事业资金也是高校经费的重要来源。在市场经济条件下，高校要生存，要在生存中求发展，就必须有高质量的、适应社会需求的，并且在将来能为社会做出贡献的"产品"。

（六）高校财务管理中的信息化与网络经济环境

1. 高校财务管理中的信息化环境

伴随着我国教育改革的不断深入，高校技术环境、外部政策都发生了翻天覆地的变化。环境、政策的变化必然导致财务管理模式的骤变。在此骤变过程中，信息化技术给高校财务管理的模式改变提供了强劲的推动力和良好的发展契机。

（1）高校现有财务管理的模式。目前大多数高校借助于信息化手段，实现了静态财务管理模式，管理的依据是事后反映的静态财务会计资料及其他相关院系的资料。实现的手段是建立财务信息系统，日常核算和管理都按系统设定的步骤进行，到期末或是固定的时间点将财务信息进行汇总，集中存储于信息化软件中。在少部分高校中，由于管理体制和技术的进步，已经采取网络财务管理模式，将财务管理建立在网络计算技术基础上。网络财务管理模式下，外地分支办学机构和各系部的财务工作只体现在日常业务登记上，通过网络，财务管理日常业务会自动生成凭证传递到总部，由总部财务处集中审核、记账。这种网络财务管理模式能有效监控分支办学机构和各个系部的财务收支情况，加强高校内部控制力度。因此，高校信息化技术的应用能力能直接影响高校财务管理模式。

（2）高校现有财务管理模式的局限性。随着教育体制改革逐渐深入，政府管理权力下放，高校成为自我约束、自我发展的独立法人，高校依法多渠道筹集经费的格局已经形成，高校财务管理较以前有了很大的自由。正是由于当前的环境，高校信息化财务管理现有模式存在着一些突出的问题。①分权管理方面。静态财务管理模式类似管理学中的分权管理，高校财务管理工作全部由各个系部、部门承担，财务决策权被不同程度地下放到各系部或分支机构，这样虽然可以在一定程度上减少高校总部的核算工作量，使信息传递与过程控制等相关成本得到节约，但是这种模式造成高校总部对分部的信息控制几乎为零的局面，导致总部与各系部之间的信息不对称，总体目标无法贯彻到系部实施。分权的本意是充分利用信息的决策价值以达到整体利益最大化。然而各层次管理者的独立性越强、权力越大，首先就会谋求自身局部利益而非整体利益最大化，采用静态财务管理模式无法完全避免的一种成本或代价，并且随着静态财务管理模式的深入应用，这种代价将不断增强。②集权管理方面。网络财务管理模式类似管理学中的集权管理，集中控制财务信息有利于贯彻实施高校整体战略发展目标，但是这种财务管理模式必然要求有一个及时、准确、安全地传递高校信息的网络系统，并通过信息传递过程的严格控制以保障信息的质量。如果高校能达到这些要求的话，集权管理的优势便有了充分发挥的可能性。但不可避免的是，信息传递及过程控制有关的成本问题也会随之产生。并且，随着集权程度的提高，一方面集权管理的复合优势不断强化；另一方面各院系创造性、积极性和应变能力在不断削弱。

2. 高校财务管理中的网络经济环境

（1）网络经济下高校财务管理的特点。在网络经济环境下，所有的经济活动（生产、分配、交换、消费）都离不开计算机网络的支持。随着网络时代的到来，传统的经济形势和企业组织架构发生了巨大的改变，为了跟上网络经济的步伐，各企事业单位不得不着手进行体制及技术改革，对于高校来说，也不可避免地也受到网络经济的影响。在高校各项管理中，财务管理占据举足轻重的地位。现代财务管理主要包括决策、计划和控制职能。网络技术的使用和网络财务软件的开发以及新的财务管理技术方法的应用，使财务管理职能的执行具有不同于传统财务管理的新特点。

1）财务管理的实时性。网络时代的财务管理与传统的财务管理相比具有管理实时性特点。首先，网络财务可以充分地利用互联网或者局域网，使得财务管理、会计核算从事后变成实时，财务管理控制从静态走向动态。其次，网络时代的财务管理的监控内容扩展了，会计核算将从事后的静态核算变成事前有效监控、事中动态核算、事后跟踪审计，扩展了会计信息内容，提高了会计信息的价值，实时产生各种反映下属单位经营和资金状况的动态财务状况。最后，通过与网上银行的连接，账务管理人员可随时查询单位最新银行资金信息，便于管理者全面掌控。同时，网上银行的使用改变了传统的财务报销模式、支取现金的程序，极大地方便了服务对象。

2）财务管理的延伸性。财务管理通过网络的连接，使单位财务能够实现整体管理，管理者可以对所有下属单位实现集中记账，统一资金调配。既减少了财务管理的工作量，节约了管理费用，又可以对财务资源整合，实现财务与其他业务的协同，使财务管理从传统的目标管理延伸到业务管理、协调管理，使财务资源与业务运作直接挂钩，实现资源配置的最优化。

3）财务管理的集成性。网络技术可使财务管理功能与其他相关功能集成实现。在实现传统财务功能的同时，进一步即时实现数据的远程传递、远程报账、远程审计以及财务监控的同步运作，网上支付、网上催账、网上报税、网上法规及财务信息查询、网上理财等都可与财务管理功能的实现同时完成。企事业单位内部各部门之间及与外部各相关机构之间建立了一种密切的合作关系，极大地优化了企业的资源配置，管理者基于网络可以随时随地把握企事业单位的财务脉搏及业务运作情况，在线办公、移动办公、家庭办公都可实现。

（2）网络经济对高校财务管理的影响。

第一，打破了高校财务管理的时空限制。网络经济的到来，使得高校财务管理不再受缚于地域及时间的限制。对于设立了二级财务的高校来说，即使二级财务部门与一级财务部门不在同一地点甚至不在同一城市，有了网络，高校的所有财务都可以在同一时间同步处理。高校的财务管理部门可以随时通过信息网络系统对高校各个部门经费的使用情况进行查询及调配。高校的各级财务部门也可以通过网络系统将自身的各项开支进行远程报账及远程查询。高校财务网络信息系统的搭建，方便了学校领导及国家教育主管部门对学校财务信息进行监督及审查。

第二，提高了高校财务管理的时效性。①提高了财务数据采集的时效性，高校由不同的院系及部门组成，每个院系及部门的经济活动都会产生财务数据，传统经济环境下，财务信息的上报统计需要经历复杂的过程。有了高校财务网络系统，各院系财务管理者可以将各项财务数据随时输入到系统中去，高校一级财务管理者可以瞬时查看数据。②提高了财务数据统计的时效性，在网络经济环境下，财务数据一旦输入系统，系统数据库就可以自动地进行汇总更新，确保财务数据统计的实时更新，这是传统经济时代的人工统计无法比拟的。③提高了高校领导决策的时效性，有了财务数据采集及统计的时效性，可以保障高校领导层在第一时间了解自身财务的动态变化，促进高校领导层快速做出理性的经济决策。

第三，保障了不同部门间财务信息的顺利对接。网络经济时代的到来，使得以往的高校财务管理岗位设定发生了根本性的改变，实现了真正意义上的财务上下对接，减轻了财务工作者的工作量。在网络经济环境下，高校财务工作者不再需要从事繁杂的编制财务报表的工作，他们需要做的是及时地将各项财务信息录入高校财务管理系统中去。同时，高校财务部门需要新增信息审核的岗位，以实现对学校的财务运作状况进行有效监督，确保自身财务经得起国家税务及财政部门的检查。

第二节　高校财务管理体制与机制创新

一、高校财务管理体制创新

（一）高校财务管理体制的认知

1.财务管理体制的分类

当前，虽然我国规模较大的高校一般采用"统一领导、分级管理"体制，但是在实践中，各高校又都结合自身的特点，对统一领导、分级管理模式进行了适当的创新与发展，建立了适合本校发展的财务管理体制，这些体制的区别主要体现在预算模式和会计核算模式两个方面：在预算模式上，有的学校选择一级预算，有的学校选择两级预算；在会计核算模式上，有的学校选择采用集中核算，有的学校选择采用两级核算，将不同的预算模式和会计核算模式交叉运用之后形成了具有不同功能和特点的财务管理体制，其中最具代表性的是"统一领导，一级预算，集中核算，两级管理""统一领导，一级预算，两级核算，两级管理"和"统一领导，两级预算，两级核算，两级管理"三种模式。这三种模式虽然存在很大的差别，但它们都坚持"统一领导"这个前提条件，在管理上都实行两级管理模式。

"统一领导"强调的是学校的宏观调控能力，"两级管理"强调的是财权下放，符合宏观调控，微观搞活的原则。

一级预算模式是指学校将预算管理权全部集中在学校一级，由校级财务部门负责编制全校的收入预算和支出预算，学院不是预算主体，没有编制预算的权利，只能按照既定的预算方案安排资金的使用。在这种预算模式下，学院不参与预算的编制，不能按照自己的思路安排资金的使用，无法调动学院的积极性，不利于学院的发展。

两级核算模式是指学校除一级财务机构外，在各学院再设立独立的二级财务机构，学院的经费收支由本学院的二级财务机构进行管理。二级财务机构归学院领导，直接对学院负责，在这种模式下，由于二级财务机构归学院直接领导，在进行财务活动时很容易受到学院的干预，很难客观地反映学院经费的使用情况。

（1）统一领导，一级预算，集中核算，两级管理模式。采用这种模式，学校只设一级财务机构，学院不设财务机构。在校内实行一级预算，由校财务处负责编制整个学校的收入预算和支出预算，其他部门只要按照预算方案安排资金的使用即可。在会计核算方面，实行集中预算，由校财务处负责学校的会计核算，学院的资金核算由财务处派人负责。这种模式是一种集权型的财务管理模式，学校的宏观调控能力较强，能有效地利用资金进行学校整体的发展。

（2）统一领导、一级预算、两级核算、两级管理模式。采用这种模式，学校实行的是一级预算，学院不作为独立的预算主体，但是学校在学院设立了二级财务机构，二级财务机构受校财务处和学院的双重领导，接受校财务处的监督，独立负责学院的会计核算。这种模式与"统一领导、一级预算、集中核算、两级管理"相比较，给予了学院一定的财权，使学院在权利范围内能自行安排经费的使用，独立编制会计报表，同时，鼓励学院自行筹资，对于学院自行筹资部分除按比例上交给学校外，其他部分留作学院自用，调动了学院筹资的积极性。但是由于二级财务机构对学院直接领导，可能为了本学院的利益而损害学校的整体利益，影响学校的发展。

（3）统一领导、两级预算、两级核算、两级管理模式。采用这种模式，学校实行两级预算，将预算分成校级预算和院级预算，由学院自行编制本学院的收入预算和支出预算。在学院设立二级财务机构，由该二级财务机构负责学院的会计核算。这种财务管理模式过分地强调分权，给予了学院过多的财权，有利于调动学院的办学积极性。但由于下放给学院的财权过多，使得学校的宏观控制能力很弱，容易造成财力的过分分散，不能根据学校的整体发展需要安排资金的使用，不利于学校整体目标的实现。

2. 财务管理体制的重要原则

（1）宏观调控与微观搞活相结合的原则。宏观调控与微观搞活和统一领导与分级管理是相对应的，统一领导是宏观调控的保证，分级管理则是微观搞活的体现，该原则是统一领导、分级管理校院两级财务管理模式的首要原则。宏观管理强调的是校级对学校整体财力的控制能力，强调的是学院的利益要符合学校的整体利益；而微观搞活则强调学校要适当下放财权给学院，使学院能做到财权与事权相结合，保证学院自主办学的活力和积极性。将宏观管理与微观搞活结合起来，既可以有效防范财权分散，保证学校整体目标的顺利实现，又调动了各学院的积极性和创造性，保证整个学校的发展活力。

（2）适度分权原则。统一领导、分级管理模式的核心问题是财权的划分，只有将财权在校级和院级之间进行合理分配，才能保证财务管理工作的顺利进行。过分强调集权和过分强调分权都不利于财务管理工作的开展，影响学校发展目标的实现。过分强调集权，学校把财权集中在校级，学院没有财权，每花一分钱都要向学校请示，影响学院发展的积极性，在一定程度上制约了学院的发展；过分强调分权，学校将大部分的财权下放给学院，会造成校级财力不足，影响其宏观调控的能力，不利于学校的整体发展。在建立统一领导、分级管理模式时，必须坚持适度分权原则，处理好集权与分权的关系。

（3）兼顾责、权、利原则。高校建立财务管理模式时要体现责、权、利相结合的原则。权是指要明确划分校级和院级的财权，明确划分各部门的权利范围；责是指明晰校级和院级各部门各自应该承担的经济责任；利是利益，指的是学校要制定相关的奖罚措施，对顺利完成任务的单位给予物质奖励，对于没有完成任务的单位给予一定的惩罚，激发各单位的积极性和创造性。根据责、权、利相结合原则建立的财务管理模式是一种集权利机制、责任机制和激励机制为一体的模式，这种模式可以更好地促使财务人员为实现学校的整体利益而努力工作。

（4）权责结合、管理重心下移。大学原有的经济管理的重心在学校一级，各二级学院自主管理经济的广度和深度不够，通过财务管理体制改革将财务的主要管理权限下放，二级学院的经费由二级学院自主管理，发挥其管理的能动性；同时，各二级学院的经济责任人对本单位的经济运行承担经济责任。

（5）超支不补、结余留用。下拨经费实行超支不补、结余留用，但须按学校规定使用。对于没有按照计划使用资金而造成的经费不足，实行超支不补原则，由二级学院自行解决；对于通过加强管理节约的资金，按照学校相应的规定使用。

3. 财务管理体制的权责分类

确定学校和各二级学院的经济权责是实行二级核算的基础，学校负责全校资金总量的宏观调控，按照学生、教师人数及专业等因素下划经费，制定全校统一的财务制度和经济分配政策，按照相关制度监督二级学院的经济运行。学校通过所掌控的经费及专项经费对全校和各学院的发展进行调控。二级学院的经济责任主要是按照学校相关财务制度科学、合理安排本单位的年度经费收支，按照学校要求编制本单位财务收支计划和决算；在学校的指导下自主制定内部的经济分配办法。二级学院应开源节流，在完成学校下达的教学、科研任务基础上增强创收能力。

（1）经费划拨的依据。分级管理的经费划拨包括：人员经费、公用经费、学生经费，以及二级学院的创收收入按照学校确定的政策进行的分配。经费划拨的依据，由学校按照本科生人数、研究生人数、本科专业数、硕士博士点数、学科数、教职工人数及其结构等综合因素进行核定。二级学院经费核定后所产生的客观不平衡问题，诸如教师多、学生少、新建院系、新建专业、规模较小院系等所造成的经费不平衡，应通过调整因素进行考虑。

（2）下划经费管理。二级学院在行使学校赋予的管理权限时，必须严格执行国家及上级业务主管部门的法律法规，严格执行学校的各项规章制度和办法。二级学院制定的各项管理办法、分配办法等，不得同上述法律法规和制度办法相违背。为了科学民主管理本单位的经费，二级学院必须成立财务委员会，完善二级教代会制度，加强内部民主理财和监督机制建设。财务委员会的主要职责是研究本单位的经费预算，监督经费执行情况，对本单位的重大经费开支情况进行论证，对本单位的经费绩效进行评价，制定本单位的分配政策，对单位行政负责人的经济决策提供建议等。学校对二级学院应以专项资金的方式进行调控，大型设备购置由学校根据发展规划统一安排。二级学院必须根据该院系事业发展计划和工作任务编制年度财务预算，经学院财务委员会讨论通过后，报请学校批准执行。为加强监控，学校对下拨二级学院的经费，应采取一部分直接划拨，一部分进行绩效考评后按照考评结果进行划拨的办法执行。

（二）校、院系两级的财务管理体制

为了调动院系的办学积极性，发挥院系的活力，提高管理效益，部分大学进行了扁平化的分权管理改革，即下放权力、重心下移、院所合一。按分权管理原则，学校将人事管理权、财务管理权、资产管理权和分配奖励权下放给院系，即学校要对现有的有关教育资源配置、资金预算体系、分配标准以及监督控制等制度进行改革和实践。

1. 校、院系两级财务管理的目的

根据《高等学校财务制度》的规定，高校可以结合实际情况，在校内建立"统一领导，分级管理"的财务管理体制。校、院（系）两级财务管理就是指高校建立财务核算相对独立的二级核算单位——学院财务管理机构。《高等学校财务制度》明确提出，实行"统一领导，分级管理"财务管理体制的高校可采用两级核算方式核算二级单位的收支。学院财务是在校财务处及学院双重领导下负责部门预算、专项资金和创收的核算与管理，为全院教职工、学生提供教学、科研、行政管理等经济服务；院系财务管理机构主管会计可由学校财务处派出或由院系推荐，报财务处考核确认。

院系财务机构全面负责学院财务的审核和监督，是学校财务管理的基层组织，它通过资金的合理配置，调控全院的经济活动，实现学院自我发展、自我约束、自我平衡的战略目标。推行两级财务管理是实现财务管理理财观转变的重要举措。

2. 院系财务管理创新思路与原则

建立校、院（系）两级预算体系和资金分配标准的指导思想：配合和适应校内管理改革，实现学校发展目标。应遵循的原则：市场经济规则、高校办学规律以及学校确定的院系为实体的原则。院系为实体的原则：一是责、权、利相一致原则，院系的工作目标及其责任与院系的人、财、物自主权以及经济利益相一致；二是自我发展与自我约束相结合的原则，即院系必须依照国家的法律和学校的规章制度行使人、财、物的自主权，建立院系自我发展与自我约束的运行机制；三是学校宏观调控与院系办学自主相结合的原则，即简政放权，管理重心下移，充分给予院系的人、财、物的自主权，学校职能部门实行宏观管理与调控；四是效益优先与兼顾公平的原则，即引入竞争机制，建立以岗定薪、按劳取酬、优劳优酬的校内分配制度，真正体现重岗位、重实绩、重贡献，充分发挥校内分配的激励作用和导向作用。

3. 院系财务管理创新制度的目标

以创建现代大学财务管理制度为目标，明晰校、院系两级资金管理权限和责任，在科学定位和分工的基础上，建立和完善资金预算和拨款机制，为院系提供良好的经济支撑系统，调动院系的办学积极性和主动性，构建高效合理的校、院系两级管理体制和预算体系；创建"目标任务与经费"全面挂钩的运行机制，充分调动院系教师投身教学、科研和学生管理的积极性，建设适应教学研究型大学要求的师资和管理队伍；进一步完

善法律保障机制与监督评估机制，逐步加强依法管理、规范管理。建立新的资金预算体系、分配标准以及费用核算管理具体办法，要体现学校内部管理改革思路，按照学校确定各院系学科建设方向、教学任务、科技发展目标和学生教育管理目标任务，进行资源配置、预算管理体系、资金分配标准改革。

建立两级预算体系、资金分配标准管理制度，构建符合实行校、院系"两级管理，两级核算"的财务管理体制，要以促进学校实行校、院系两级管理，提供改革配套支持系统为目标；预算体系、资金分配政策调整和监控措施必须符合学校发展思路，经济管理政策的导向要能够充分发挥作用。

4. 财务管理创新的重要措施

（1）经济责任制创新。推行目标管理责任制必须遵循责、权、利相一致的原则。目标管理责任制包括经济管理责任，即目标任务与经费资源全面挂钩。院系应围绕学校所下达的综合发展、建设目标，根据各自发展的需要和本单位的实际情况，制定相应的资源总额分配计划，包括对各项资金的使用数额以及方向调整，对不同岗位承担不同任务的教师，调整其工资结构或发放不同的工资津贴，以体现院系为实体、资源优化配置的总体要求。另外，各院系根据自身的实际情况，在"效率优先，兼顾公平"的原则指导下，可对教师实行市场化的协议年薪制或月薪加科研单项奖励制度。划分院系财务管理责任与权限，明确院系经济责任和经费管理权限与范围。在学校授权范围内，允许院系调剂使用资金（除专项资金外），年度预算结余允许结转使用（包括专项资金结余）。设置院系财务机构，配备专职财务人员，明确财务管理职责和权限；学校原则上提出预算项目使用指导意见，对个别项目下达控制指标；规定财务核算科目，理顺校、院系两级财务审核关系，及时汇总院系会计报表。

（2）预算体系、资金计算标准与拨款机制创新。进行资金预算管理改革，推行以工作目标责任为基础的预算模式。预算体系和资金计算标准应是透明、公开的，学校每个院系都知道自己的经费预算来源和工作目标责任，在学校宏观指导下，允许和支持各院系根据院系的实际情况采取相应的激励机制，达到资源的最优化配置。学校预算和拨款机制管理创新，即建立新的预算体系和资金计算标准，实行校、院系两级预算管理，各级预算自负盈亏。

在预算运算模式上，预算分配体系可采用因素分配法，学校从可控财力中提取一定比例用于校级公共支出费用，以及学校层面战略规划的实施，其余资金则应全部用于院系（资金额因学校筹资渠道和财力有所差别），院系预算分配应以学生人数、职工编制数和完成的教学、科研工作量相结合的方式，对社会资源较少的、以基础学科为主的院系，不能简单地按统一标准配置资源，必须在计算公式中引入倾斜系数（学校可参考历史统计数据或以应增加数额，反推算确定），以支持基础学科的持续发展。同时设定人员费用、办学经费、行政经费的控制比例。对重点学科、重点实验室建设以及科研项目经费实行单项资助或配套资助政策。依据资助标准，凡获得学校立项批准的项目，按项目建设期限和预算总额，逐年拨付。

（3）在预算体系中，应建立必要的成本支出扣除机制，如扣除房屋使用费用的机制，该机制会促使部门、教师退出闲置部分用房，能够缓解用房紧张状况。

5.院系预算管理制度体系的构成

（1）预算编制与调整。预算是统驭院系教学和科研活动的纲领，是沟通学校和院系两级财务管理的桥梁。根据院系发展计划和工作任务编制院系年度财务预算，年度预算采用自上而下和自下而上相结合的原则编制，按收支对象的功能编制院系总预算，再按院级领导分管的部门及项目分别编制收支预算，经院系领导班子讨论通过，经校财务主管部门批准，院系行政负责人按学校批准意见组织日常管理。

（2）预算控制管理。作为院系财务机构和管理人员，除编制院系年度预算，还应负责运用预算手段控制费用支出，保证各种资金收支合规合理，控制非预算事项的发生。非特殊情况，项目费用不得超过预算控制数额。预算控制不仅要对计划执行情况进行控制，而且应对部门管理制度执行过程进行监督，做到严格把关；强化预算执行动态管理，对预算执行差异进行深入分析，剖析执行差异的原因和因素，向责任人和负责人提出改进建议。

（3）管理制度创新。

第一，明确经费责任范围，有效控制项目支出。按学校财务报告要求，院系资金预算使用范围一般划分为教学经费、科研经费、研究生教育经费、学生活动经费、行政经费、工会经费等。依据费用归集原则，结合院系行政管理分工，细化经济责任范围，有效控制项目支出，实现预算收支平衡。细化经济责任应坚持费用归集原则和行政分工管理原则。建立教学经费、科研经费、研究生教育经费、学生活动经费、行政经费、工会经费等预算管理责任制。院系行政负责人在与分管领导签订年度工作责任目标时，应同时签订预算管理责任。

第二，建立院系预算分级审批授权体系。预算分级审批权限体系可分三个层次：总负责——院系行政负责人；分管负责——主管负责人；执行负责——基层责任中心负责人。预算审批权限可因经济事项类型差异区别设置，具体限额则由各院系自定，但应形成制度，并报学校财务和监督部门备案。

第三，严格预算执行结果考核，把预算执行结果纳入干部年度岗位责任履行和工作业绩考核范围。按照工作责任目标与年度经济责任挂钩原则，对预算管理经济责任进行综合评价，非正常因素超预算计划，或工作任务未按计划完成的，落实管理责任，扣发奖酬金，并实行年度考核一票否决，不能定为"优秀"。

（4）建立校、院系预算管理监督体系。为规范校、院系预算管理，提高预算资金使用效益，防范工作失误，预防资金管理风险，减少资金损失，学校应重视和加强预算执行监督检查工作。在资金预算制度体系构建中应明确和突出审计监督环节，并将接受审计监督检查执行状况和结果，作为评价校、院系财务管理状况的主要指标，列入校、院系领导干部经济责任审计的范围。不仅要在领导干部离任经济责任审计时予以反映，而且要在日常财务收支审计和干部任职期间经济责任审计时作为重要的审计评价内容。

（5）院系在财务管理中应实行"透明化"操作。在学校财务处的领导和指导下，建立院系财务管理制度体系，并报学校备案。院系财务制度构成包括：院系经济责任制度、资金计划审批管理制度、费用报销审核制度、工资与奖酬分配制度、职工代表和民主管理委员会监督制度等。

（6）建立校、院系资金预算管理监控体系，形成良好的监督运行机制，预防资金风险。监控体系和监督运行机制是全面落实校、院系两级预算管理，推行校、院系两级经济责任的制度保障。建立由纪委、检察、审计、工会以及学校民主管理委员会组成的校级预算执行监督体系；由纪委、检察、审计、财务以及院系工会、民主管理委员会组成二级院系预算执行监督机构。针对资金预算渠道不同和资金预算审批分级授权差异，设计不同的监督程序与监督形式。院系资金预算执行日常监督由学校财务、审计、院系行政负责人和院系财务管理人员组成，其中，应以院系行政负责人和院系财务管理者为主，财务处应定期检查指导，对发现问题或薄弱环节及时督促纠正；校级资金预算执行情况应由校纪委、监察、审计、工会和财务处共同进行监督。其中，日常具体监督由学校财务处组织实施，以财务处为主，其他部门协助配合，形成学校的监督机制。

（三）动态协同的财务管理体制

目前，多数高校采用的是静态的财务管理模式，这种模式对于外界条件变化时做出的反应较小、较慢，很容易引发财务风险。要创新高校的财务管理体制就要由静态模式变为动态模式，在动态协同财务管理体制下，高校财务部门与外界社会部门协作，共享经济资源，联盟经济业务，形成市场开拓的经济业务链，实现内外资源、信息动态相统一，提高高校财务对外界反馈的及时性。高校在日常经济管理活动中进行动态分析，根据学校对未来的经济预期，设定一系列的财务指标，随着信息变化，不断做出反应，将现实状态与预期不断比较，不断调整，以更好地达到高校财务管理的目标。

动态管理不仅能保证学校能及时掌握外界信息，还能保证学校全面掌握分权管理下各院系二级单位的财务信息。实现了动态管理之后，集中管理与分级核算结合得更加紧密，一级财务机构能及时了解院系单位的资金动态，更好地统一领导、集中管理和分权自理，学校既可宏观调控又可微观分析，既可调动院系单位的管理积极性又不随意放任财权，科学地将集中管理和分级自理相结合，形成合理的财务管理格局。

（1）科学定位高校财务管理工作的职能，确立财务管理在高校发展中的基础作用和宏观调控功能。将高校财务管理工作的内容和职能进行延伸和扩展，将资源筹划、资产管理、资本运营等重大财务事宜纳入高校财务管理职能中，使之具有财务决策、财务计划和财务控制三项职能。财务管理人员应主动参与到重大项目方案的前期调研、可行性论证和风险评估、决策等环节发挥其专业优势，提出决策建议；制定长期的财务规划和完善财务预算制度，使之摆脱长期以来对"预算制度即包干经费管理"的认识；财务控制即通过实际执行情况与预算标准进行差异分析，奖优惩劣，达到优化管理的目的。

（2）建立一套科学、规范的高校财务管理日常管理流程。财务管理部门依据其职能对立项项目制定项目计划，制定预算和计算标准，记录实际数据，将实际情况与标准进行比较、差异分析调查、得出评价结果。项目效益评测量化，避免评价的主观随意性。高校不同于企业，在设定评价体系时应考虑项目所产生的社会效益，建立多元化的评估指标体系。对应用型的科研项目应当以其产生的经济效益作为评估标准；对教学和基础科研项目应当建立以成本效益观为切入点，以"资源利用率"为导向的评估指标体系；对于维持学校日常管理工作的各部门的办公费用，应当合理核算定额标准，实行定额预算管理，并对定额完成情况进行评价。

（3）建立教育资金筹集的多元化渠道，培育高校自身的"造血"功能。高校要克服"等、靠、要"的思想，拓展资金来源渠道，形成政府投资、学校自筹和社会集资、捐助等多元化筹资格局。第一，积极吸引社会捐助。各高校应将筹措社会捐资工作作为学校的一项长期工程，组织专门人员成立专门机构负责落实。第二，积极推进校企合作，实现双赢。通过合作，建立联合实验室或从企业承担科研项目，学校可以从企业筹措科研经费，为学校增加经济收益。通过合作，学校可以充分利用企业的生产现场、设备及技术手段作为高校的实践教学基地，以便减少对教学场地及设施的投入。第三，高校可以通过吸引投资者联合办学及采用融资租赁等多种方式筹措办学经费。多渠道筹措办学经费能减轻高校向银行大量举债所带来的沉重负担，优化资本结构，有利于高校长期健康发展。

（4）加强学校的资产管理，盘活存量，优化增量，提高资产利用率，发挥资产的最大效益。第一，建立高校固定资产折旧制度。高校应结合自身业务特点，选择适当的固定资产折旧方法以及综合考虑使用年限、净残值、折旧率等因素，计算折旧额计入成本费用中。第二，对某些大型设备、设施或场地推行向社会开放、提供有偿服务的办法，以提高创造效益的能力，发挥资产的最优效益。

（5）整合财务组织结构。组织是实现目标的载体，为了实现财务管理目标，高校应该对财务管理组织结构做出调整，在调整的过程中，要紧密结合自身的特点和发展的需要，明确划分各科室的职能和责任，做到职责分明，使调整之后的财务管理组织能更好地为高校的发展目标服务。

（6）完善预算管理体系。财务预算在财务管理中占有很重要的地位，是高校财务管理的中心工作，贯穿于财务管理的整个过程，是各项财务活动的基础。通过预算管理，可以对学校进行宏观调控，实现资源的优化配置。目前，高校经费的收入和支出呈现出多元化趋势，这使得高校的收支预算工作变动更加复杂和困难，给预算管理工作带来了新的挑战。有必要对高校的预算工作进行进一步的完善，使其能更好地为实现高校的管理目标服务。

（7）加强防范高校财务风险。高校财务风险主要来源于向商业银行的过度贷款。高校在向商业银行贷款时，由于缺乏必要的内部控制制度和相关的可行性分析，导致贷款数额偏大，一方面给高校带来巨大的利息负担，另一方面造成了高校资金结构不合理的现象，使高校资金流动性差，甚至使高校的资金链断裂，给高校带来了很大的财务风险。

（8）建立高校财务评价指标体系。高校财务管理评级指标是反映高校财务基本情况的指标，利用评价指标可以对高校的财务管理工作进行全方位的评估。目前，我国高校财务评价指标体系包括两方面的内容：高校财务综合实力评价指标和高校财务运行绩效评价指标。高校财务综合实力评价指标是一些单项指标，反映高校的资产状况和筹集办学经费的能力，高校财务运行绩效评价指标是在这些单项指标的基础上，通过指标之间的比例关系来反映高校资金的运行状况和运行效益，这两方面的指标都是对高校财务现状进行的分析，不能客观地反映出学校未来的发展潜力。目前，越来越多的高校开始关注学校自身的发展潜力，增加高校财务发展潜力评价指标，建立我国高校的财务评价指标体系。

（9）建设信息化的财务管理系统。信息化的财务管理系统是将现代网络信息技术运用到高校的财务管理工作中，提高高校财务管理工作的效率，实现学校财务资料资源的共享，可以增加学校财务管理工作的透明度，以便有关部门对其进行监督，实现高校资金的优化配置，最终促使高校的财务工作由封闭走向开放。

（四）财务管理体制创新的相关措施

（1）建立和完善统一领导、集中管理和分级管理相结合的财务管理体制。当前，伴随着高等教育体制改革的日益深化，教育投资体制多元化格局已经初步形成。高等学校在管理体制、经费来源、招生分配、科研成果转让、后勤社会化等方面均已发生很大变化，学校正从单一的事业型管理向多元化管理过渡，已真正成为面向社会的独立法人实体。伴随着各类经济活动的日趋复杂，财务管理内容所发生的相应变化，高校必须建立和完善统一领导、集中管理和分级管理相结合的财务管理体制。对高校的财务工作实行统一领导，能有效调度财力，强化学校宏观调控能力，确保学校的可持续发展。但过分集中，又不利于调动各级人员的积极性。

（2）确立学校财务管理工作的指导方针。学校的财务管理应遵循"严格、透明、效益、服务"的指导方针。严格即财务工作要依法进行，要维护预算的严肃性；透明即财务工作应避免非制度化的行为，完全透明化，财务信息公开；效益即加强成本效益意识，对全校的财务活动进行全口径成本分析，提高办学效益；服务即财务人员应树立服务观念，为学校教学科研工作服务，支持学校各项事业的发展。

（3）建立各级经济责任制。教育经费要讲求科学的投入和产出的效益。特别是在经费严重短缺的情况下，提高资金的使用效益将成为财务工作的主要任务。在市场经济条件下，高校作为独立的法人实体，不仅要对国家负责，而且应对学校各方面的社会投资人负责，对经费的使用效益承担相应的责任。高校必须建立各级经济责任制，以加强财务管理，提高经费的使用效益；建立健全校内各级经济责任制，将权利和义务相结合，使各级领导、各职能部门在经济工作中既要按规定行使权利，又必须按规定履行责任，提高管理水平，避免财经工作失误。

（4）强化财务管理职能。在做好会计核算的前提下，重点加强财务分析，成立专门的机构，抽调高素质人才从日常会计核算中解脱出来，专门进行财务分析工作。定期对部门经费的使用进行分析，形成分析报告，为学校及学院领导决策提供财务数据等信息。

（5）学校财务工作实行校长负责制，总会计师协助校长全面领导学校的财务工作，经校长授权实行总会计师"一支笔"审批制度。以确保学校能以独立的法人地位依法筹措资金，统筹安排资金，提高经费的使用效益。财务部门作为学校财务管理的职能部门，在校长和总会计师的直接领导下，统一管理全校的各项财务工作。校内各学院及职能部门等一般均实行"一级核算，二级管理"，后勤管理处、基建处、产业管理处、科学技术处等单位实行"二级核算，二级管理"。校办企业及独立法人的经济实体实行"独立核算"。校内二级财务机构、独立核算单位业务上接受财务处的领导和监督。

（6）实行内容的创新。高校财务管理内容主要包括筹资管理、预算编制与分配、资金使用与控制、财务分析和监督以及财务工作环境的优化等。随着高校客观经济环境的变化，高校的财务管理内容也发生了变化，主要包括：一是资本的内涵在深化，不仅包括物质资本，还包括知识资本；二是筹资的外延在扩张，不仅包括资金的筹集，还包括人才的引进；三是预算的分配在调整，不仅要保证学校教学、科研及日常运转的需要，还要保证学校大规模的基建需要；四是投资的理念在更新，不仅包括传统的国债、后勤、校办产业等投资，还包括校际间合作办学、战略联盟的投资。

（7）实行职能创新。由单纯"管财"向"管财理财"并重转变。理财作为高校财务管理的重要职能，应着重从三个方面提高：第一，财务发展能力。首先要把各个渠道可能得到的经费聚拢，避免资金流失；其次是在重视节约型理财的同时大力发展开源型理财，通过开展社会服务、教育培训、对外投资、金融运作等方式开辟财源，培育学校新的经济增长点。第二，资源配置能力。资源配置最重要的是让有限的资源向使用效益好的方向流动，充分发挥财务杠杆作用，最大限度地提高办学的整体经济效益。第三，财务核算能力。要以经济效益为中心，对学校全部资金的流量进行收、支、存核算，对资产的存量进行资产和负债核算，对学校综合财务计划进行预算管理，对财务运行过程进行监控，及时提出财务运行报告。

（8）成立经济工作委员会。成立经济工作委员会专门对学校的经济政策、校内收费项目和标准、预算的安排和执行情况、决算、学校重大经济事项进行研究和审定。组成人员包括校领导、相关职能部门领导、二级院系领导代表、教师代表等，这样既能较好地吸收基层单位的意见，又能把学校的财经政策、思路更好地传递下去，有利于学校经济政策的实施，增加了财经工作的透明度。

（9）实行分类核算。首先，针对不同性质来源的财务资金建立不同的管理方式、制定相应的管理制度分别规范财政补助收入、事业收入和经营收入的使用，提高资金使用效率，调动创收单位积极性；其次，将校内各二级单位根据性质分类，性质不同，财务核算的方法不同，如对教学、科研、行政管理类部门实行行政事业单位财务管理制度，进行核定收支、结余留用、超支不补；对社会化的后勤服务部门和校办产业实行企业化管理模式，进行成本核算、独立经营、自负盈亏。

（10）设立资金结算中心。根据高校资金流量的大小可在财务处内设立资金结算中心，作为学校一级财务与二级核算单位资金往来的结算中心。资金结算中心在银行开立一个对外结算账户，校内各二级单位分别在资金结算中心开设内部账户，二级单位与资金结算中心结算，由资金结算中心统一办理对外资金往来。高校资金结算中心既是财务处的一个下属职能部门，又承担着"校内银行"的职能，具有特殊的双重身份。这种新型的财务管理模式，既集中了学校资金，加强了学校统一的资金管理，提高资金的使用效率，又能有效控制各二级单位的财务收支，及时掌握各二级单位的资金使用状况，保证了二级单位资金运作的合法性、安全性。高校应进一步发挥资金结算中心在资金筹集、监控、结算、信息反馈等方面的职能作用，实现资金使用的最佳效益。

（11）会计委派与集中核算相结合。一方面，出于加强财务管理和财务核算工作高效性的考虑，对各二级学院实行会计委派制，即由学校向各二级教学单位委派财务人员，由他们为二级学院办理会计核算业务，财务处通过财务管理系统实施远程管理。委派人员需接受所在二级单位和学校财务处的双重领导。会计人员对校财务处负责，其编制、组织、人事关系等均归财务处统一管理和调配。另一方面，对于如后勤、基建、校办产业等有较大资金往来或有经营收支的单位，建立会计核算中心，即将这些二级单位的会计人员集中起来办公，统一办理会计事务。这种模式一方面可以防止二级单位负责人对隶属的会计人员进行约束、控制，另一方面还割断了会计人员与经营性二级单位之间的经济利益关系，使会计人员个人利益不受二级单位经济状况的影响，保持了相对独立性，能客观公正地记录和报告，并敢于对会计资料的真实性、合法性和完整性进行监督。

（12）搭建财务管理信息化平台。现代大学制度的建立促使高校财务电算化系统从核算型转变为管理型，使会计电算化发展成会计信息化。为解决高校财务运行中信息公开不够、有效沟通不足、管理效率较低问题，利用现代信息技术的管理与方法，搭建高校财务工作的信息交互平台。支撑分级管理过程中所带来大量信息流、资金流的合理、高效运行。具体而言，就是要通过会计电算化、网络化及数字化校园的建设，实现校园信息的标准化和高校管理信息系统的一体化，实行网上预约、各种财务信息的网上查询、职工薪酬管理、校园一卡通等财务管理和服务项目，促进各单位、各部门之间的密切配合及分工协作，确保高校预算管理、资金收支及信息传递等财务工作的顺利实现，减少人为因素，提高运行效率。同时为学校财务开展成本核算、绩效评估、重要事项决策提供必要的技术手段和工作平台。

（13）由粗放管理向分类精细管理转变。在财务处下设立"三科一中心"，即会计科、财务科、资产管理科和资金结算中心。会计科负债日常记、核算，保证会计报表数据的及时性、准确性和完整性，对学校预算执行情况进行监督，行使会计职能；资金结算中心负责校内单位和职工以及社会单位之间的资金往来结算支付，行使出纳职能；财务科负责各种收费管理、债务债权管理、职工工资管理、社保基金管理、住房公积金管理等；资产管理科负责学校固定资产和无形资产管理。"三科一中心"在校长、处长领导下和教代会、工会民主理财委员会监督下工作。

（14）健全经济责任制，继续加强高校的内部控制与组织协调，见表4-1。

表4-1 健全经济责任制的措施

类　别	内　容
建立健全经济责任	建立健全经济责任的核心是将权利和义务相结合，使校内各有关部门在经济工作中既按规定行使权利，又按规定履行责任。具体包括：经济政策和财经制度制定与调整的经济责任制，财务管理体制确立与改变的经济责任制，日常预算收支的经济责任制，财务主管人员任用与变动的责任制，国有资产完整与利用效率的经济责任制，对外投资和大额资金的安排使用经济责任制等，只有健全经济责任制，各相关部门才能有章可循，才能避免工作失误，健全经济责任制是提高财务管理工作水平的必然要求
高校财务工作特点	结合高校的财务工作特点，针对内部控制执行弱化、监督制约机制不健全等问题，完善各项财务制度及内控制度，规范校内经济秩序，已成为高校财务管理工作的重要组成部分。制度的好坏直接关系到资金运用是否合理、资源配置是否有效，关系到资金使用效益的提高。高校应根据财务工作鲜明的行业特点和时代要求，时刻关注社会经济环境的变化，随着法律法规及相关制度的颁布，制定和执行稳健的财务政策和不断完善的内控制度，为教学科研做好资金保障
推进会计人员委派制的力度	会计人员委派制能增强会计人员的责任感和使命感，提高会计人员的地位，确立会计人员的权威性，更好地发挥会计监督的作用，规范会计工作秩序，避免违反财经纪律的事件发生

（15）转变学校财务处的工作重心，充分发挥其在学校财务管理中的宏观调控作用。以往学校财务处工作重心主要集中在日常会计核算，疏于财务管理。在新的财务管理体制下，由于大量的会计核算工作转移至会计核算中心，资金结算工作转移至资金结算中心，学校财务处的工作除了对学校本部的职能部门进行日常核算之外，主要是在总会计师的领导下编制学校的全面预算报表，同时负责各二级核算单位的分部报表合并工作。这种新的财务管理体制使得财务处从过去繁杂的核算中解脱出来，集中精力完成其财务管理职能。通过对会计核算中心上报的各二级单位的分部报表的合并与分析，可以考核各二级单位的财务收支预算的执行情况，同时分析各二级核算单位的资金使用效率；充分利用会计核算中心和资金结算中心的信息资源，对学校财务目标执行情况及时做出全面、客观的评价，不仅为总会计师的财务决策提供资料，同时也为学校的战略决策提供参考。通过建立新的财务管理体制，在充分调动各二级单位理财、用财积极性的基础上，缩短了财务管理体制的层次，实现了财务管理体制的扁平化，使得高校在分权前提下，实现了学校财力的集中。

（16）以创新为灵魂，以实践为基础，健全财务管理机制，培养全成本控制意识和责任意识，寻求资源配置效益最大化。随着高校改革的深入，高校财务管理的对象日益复杂，财务管理已从单纯的以收支出纳为主的报账型逐步向以成本效益核算为主的综合管理型方向发展。在市场经济大潮中，高校也面临着优胜劣汰的激烈竞争局面，高校之间在办学方式、发展规模、专业设置、教学质量、科研发展、硬件设施、生均培养费和科研成本以及学生就业率等方面都存在着激烈的竞争。为此，高校办学在注重社会效益的同时，还必须研究投资效果和资源利用率，研究教育成本的控制，加强成本管理，力争以最少的资源耗费，培养出更多、更优秀的大学生、研究生，逐步发展成为设施齐全、管理科学、资源配置合理、资源耗费低、收费合理的一流大学，使学校在激烈的市场竞争中永立不败之地。高校教育成本核算，首先应确定成本核算对象。通常而言，可以把院、处（部）作为各个成本核算单位，将各系、各专业作为核算对象，进行成本归集和分配。会计期间可以定为当年8月到次年8月，每月发生的费用可按照不同情况进行归集和分配，把学生在校的整体时间（即从入学到毕业）作为一个产品成本核算周期，进行总成本的核算。

二、高校财务管理机制方面的创新

（一）高校财务机构设置的创新

财务机构是财务管理工作的载体，同样，设置合理的财务机构是搞好财务管理工作的重要保证，建立健全高校财务机构，是做好我国高校财务管理工作的前提与关键。加强财务机构建设，有利于提高学校的财务管理水平、有利于提高高校办学效益。新形势下，高校财务管理组织机构创新主要从三方面着手：一是财务机构控制再造。高校要根据其拥有的资金流量、业务范围等因素，合理设置财务机构，特别注意处理好一级财务与二级财务在业务上的指导与被指导、监督与被监督的关系；二是二级财务的设置数量要适中，不能过少，以保证各项财务工作的顺利进行，也不能过多，要保证一级财务在全校财务工作中的领导地位；三是在实行分级管理的过程中要处理好财权集中和分散的程度，防止财权过于分散而使二级财务机构逃避一级财务的监督。

机构设置的有效原则为因事设岗，因事设岗与因人设岗是两种完全不同的机构设置方法。因事设岗有利于推动工作的开展，因人设岗则反之。高校要想健康有序发展就必须遵循因事设岗的机构设置方法，即根据学校财务工作的实际情况设置财务机构。通常而言，高校财务机构通常是财务处，下设四个科室：会计核算中心、稽核管理办公室、收费管理办公室和综合计划科。

从行政上来看，会计核算中心是财务处设置的会计代理机构，其主要工作职责是：第一，在财务处的领导下开展核算工作，如全校内部结算的统一办理、日常核算以及全校货币资金的经营管理都是会计核算中心的工作；第二，收费管理办公室归财务处领导，其负责的主要工作是对全校各种有关收费的项目、收费的范围和收费的标准进行认证和协调处理，办理各种收费票证等；第三，综合计划科是财务处的直属科室，是财务处很重要的一个科室，其主要工作职责是编制学校的年度预算和各项收支计划，监督检查预算执行情况和收支计划完成情况，综合计划科同时还要负责起草、修订和完善学校内部的各项财务规章制度以及财务管理制度，统管全处行政事务；第四，稽核管理办公室的主要工作职责是现金银行凭证账务的常规稽核、按业务类别或单位的专项稽核，同时负责全校固定资产的购置、转让、报废等管理工作，以及资产的清查、盘点、界定和划拨。

新型的高校财务管理机构是建立以高校财务管理领导小组为核心的垂直领导下，高校财务领导小组下设总会计师，总会计师直接领导财务处，由财务处对高校的内部机构，包括二级机构进行财务指导，内部机构和二级机构可以根据具体的情况设置一些分支机构，进行具体基层事务的处理。高校财务管理领导小组是全权负责高校财务管理的组织机构。高校财务管理领导小组专门为了高校财务管理的需要设置的，这个组织机构可以不占用编制，由兼职人员担任，它的重要特征是成员的广泛性和代表性，组成人员可以为行政校长、总会计师、各职能处所负责人、知名学者、教授，各领域专家等，校长为领导小组组长，该领导小组主要职责是：对内，制定学院的长远规划和近期目标，讨论决定高校的重要经济事项；负责审核确定高校的预算计划，财务计划等财务管理的具体方案，并负责监督这些具体方案的执行情况；设置高校内部财务管理机构，任免奖惩相应的财务管理人员；负责定期向高校教职工代表大会汇报财务收支情况。对外，负责对外宣传学校形象，筹集社会各界捐款，争取科研经费，科技成果转化等，扮演公关外交的角色。

除此之外，还可以建立高校总会计师制度。①总会计师制度是中国高等教育发展的客观要求。建立总会计师制度符合国家法律的要求；有助于提高教育资金的利用效益；有助于加强经济领导。②按规定履行高校总会计师的职责。从宏观方面来看，总会计师组织高校执行国家相关的法律法规，保护国家财产，节约国家资金，并结合实际制定具体的财务管理制度以及监督实施；组织财务部门、管理部门开展具体的财务管理、成本管理、预算管理、会计核算和会计监督等方面的工作，加强对重要经济事项的分析和决策。从微观方面看，总会计师的职责主要包括：预测经济前景，依据学校发展的总体目标，结合客观实际，分析优势劣势，统筹安排，编制全年预算收支方案，并加强执行力度；参与经济决策，搜集整理大量资金收支的资料信息，发挥专业特长，运用科学计算方法，得出有价值的财务指标数据，进行正确财务分析，帮助校长筛选出最优可行方案；编制和执行预算，财务收支计划，信贷计划，拟定资金筹措和使用方案，开辟财源，有效地使用资金。

（二）高校内部激励机制的创新

高校内部激励机制的创新是通过调节激励理论的各因素来调动员工的热情。激励理论认为：①人的努力程度是由效价和期望值两个因素决定的。效价是指目标对于满足个人需要的价值，期望值是指行为能否达到目标的主观概率。人的努力程度与效价和期望值呈正比关系。②个人取得工作绩效要有奖励作为报酬，才可能产生满足感。奖励分成内在的和外在的两种类型。内在奖励，即个人对自我价值的肯定；外在奖励，即别人给予的物质或精神上的鼓励，两者缺一不可。③奖励能否满足，还受公平感的影响。公平感不仅取决于外在，还取决于内心，只有当自己的付出与个人的奖励，与他人相比较差不多时，才有公平感，否则会感到不公平。不公平，即使有奖励也不会满足。④满足感会反过来影响效价，新的效价和期望值会重新调整人的努力程度。人的行为就是在多因素相互联系、相互影响下循环往复连续进行的，中间只要有一个因素断链，就会影响人的努力程度。通过调节激励理论的各因素来尽最大努力调动员工的工作热情，成为企业竞争的关键点。由于人的需求多样化、多层次化，激励机制因人而异。

对于高校而言，员工基本上是知识分子，公平感对于维护知识分子的自尊心是非常重要的，因此，财务管理应当体现公平性，让每位教职员工都能意识到机会是均等的，这样才能留住人才，培养人才。此外，要注意激励方式多种多样，把物质激励与精神激励有机结合，可以采用晋升激励，提高行政职务；薪酬激励，颁发额外奖金；名誉激励，召开表彰大会，颁发荣誉证书；培训激励，给予进一步进修的机会；旅游激励，国内国外旅游休闲等方式交叉配合。通常而言，对于领导人员，适宜采用晋升激励、名誉激励与薪酬激励相结合；对于普通教师、会计人员，适宜采用名誉激励、薪酬激励和培训激励为主；对于后勤工作者，适宜采用薪酬激励、名誉激励、旅游激励相结合。

第一，建立预算执行绩效评价机制。预算执行绩效评价是对高校预算执行情况、完成结果以及效果进行绩效考评，包括绩效目标合理性及目标完成情况的考评。高校预算绩效评价是预算执行结果评估的重要环节，是反映高校事业资金投入和产出的效果、效率和效益评价，从而客观地评价高校预算执行、资金使用情况和产生的效益状况。高校应建立一套科学、规范的高校预算执行绩效评价体系，通过使用比较分析法、因素分析法、综合分析法、专题分析法等方法对生均事业支出、生均设备费、教学活动收入年增长率等教学绩效指标，科研绩效、自筹能力、资产绩效等资金投入绩效指标进行客观、科学的分析。通过各种方法的分析，了解预算执行状况和财务状况，及时发现学校经济活动和财务管理中存在的问题，为领导决策和加强预算管理提供依据。

第二，建立资金使用效益考核制度，落实资金使用责任制。首先，对全校资金使用效益、预算与实际的差额及原因进行整理，作为对各项资金使用情况进行分析评价的数值资料。其次，利用各学院（系）、部门对本部门预算期内预算执行情况和资金使用效益的书面分析评价报告；以及利用有关部门的各种专业检查资料，每学期的教学检查资料，各学院教学、实验课计划的完成情况，实验课的开设情况，新购设备仪利用情况，新购图书资料的读者阅览情况，各部门专业工作完成情况等资料，结合资金的使用是否专款专用，有无浪费、挤占、挪用等现象进行以效益最大化为标准的考核评价。再次，实行资金使用问责制，资金使用量、任务完成量、质量情况及资金使用效果都应列入各级领导任职考核的重要内容。最后，学校根据院（系）、部门的资金使用效益情况对学院（部门）进行奖惩。对资金使用效益高的，给予适当的奖励，并在下年度预算安排中享受优先安排项目等优惠政策；对挪用、挤占预算资金，资金使用效益低的，除追究负责人的经济责任外，上年结余收回，下年度的预算定额下浮。

第三节　高校财务预算管理创新

一、高校财务预算制度的创新

与以往的预算制度相比，要增加动态的预算事前计划、事中监督、事后评估。牢牢抓住可能出现问题的环节，主动发现并及时制定解决措施。这样，通过财务部门有力的协调、监督与控制，才能够对最终集体目标的实现起到决定性的作用，稳定了全局的利益，才能使得高校教育事业健康发展。

（一）健全高校财务预算制度

作为高校而言，预算管理也是其整个财务管理工作的核心内容之一，是高校进行经济活动的依据。在高校财务管理中，必须重视高校财务的预算工作，只有将预算工作结合实际做好，才能保证高校财务管理切实地实现。在强调预算工作权威性和严肃性的同时，必须提高预算的透明度。只有公开透明才能致使学校更加清晰地认识到这一学年的财务分配，在内部形成一种被约束的氛围。有条件的高校还可以在校长的直接领导下成立财务预算编制委员会，组织相关部门对学校的重大收支情况进行预测和协调等，还可以对相关的预算执行过程进行必要的控制和监督，保证学校财务预算工作的顺利进行，而不是仅将预算工作流于形式。

（二）建立中长期目标管理体系

在传统的预算管理模式下，预算编制是以一年为限的，其主要任务是保证学校年度内的正常运行，较少考虑到学校和校内各部门的中长期发展规划和学校资金供给间的协调关系。在新形势下，预算管理着眼于中长期发展战略目标，坚持中长期发展计划与年度预算相结合原则，年度计划是中长期计划的具体实施，年度预算不能脱离中长期计划的制约，中长期计划的制度也必须科学可行，要与学校的发展规划相适应，中长期计划中特别对基本建设及项目投资进行严格控制，坚持按需要与可能的原则确定中长期基本建设与项目投资的规模和资金计划，严格基本建设的科学管理，充分做好前期的分析、论证工作，减少项目实施后的变更，充分考虑项目的资金需求，使建设项目的预算更符合实际，保证中长期发展计划与年度预算的可控性，提高预算管理的质量。

（三）构建高效的部门预算控制体系

部门预算在预算的实施过程中具有较强的控制力，是高校预算管理的基础工作和最重要的环节。高效部门预算的可控性，使工作计划能够有序开展，并且进一步通过部门预算解决高校预算的权力分配问题和预算的软约束问题。一套切实可行的高校预算，如果缺乏相关部门在预算管理中的较强控制作用，缺乏领导的高度重视和组织指导，预算的执行必然会出现问题。在编制预算前必须加大宣传力度，使相关的部门和人员加强认识，提高对预算的重视。在做好对上期部门预算执行情况分析的同时，还要对长期财务收支的各项因素进行事前分析，在部门预算的执行过程中建立相应的跟踪、分析和评价制度，对各部门预算经费的使用效益做出正确、完整的评价。

二、高校财务预算编制的创新

（一）选用合理方法使预算编制科学化

随着教育改革不断深化，高校预算涉及的内容也与日俱增，这就需要高校充分了解自身实际情况，量体裁衣，针对不同预算项目，选择恰当的预算编制方法。综合运用零基预算法、增量预算法、滚动预算法等预算方法。比如在编制专项经费预算支出时就可运用零基预算法，考虑高校各项工作的重要程度和相关影响因素，测算每项经费的数额以及支出的必要性，最后从全局的角度出发，总体上加以协调。而在编制日常经费支出和人员经费支出时就适合运用增量预算法，以上一年度的预算执行情况为基础，根据上年预算的执行情况分析去定本年预算数额。通过多种方法的综合运用，可以优化支出结构，合理配置资源，避免高校经费的浪费，防止了各部夸大申报数、造成预算不能反映实际情况的现象发生。另外，根据高校发展规划，编制与之配套的滚动预算，使预算充分发挥其特有作用。

（二）将贷款资金纳入财务预算管理

当前，高校普遍负债较多，某些年份尽管收支有结余，但并不表示当年就能按期偿还贷款，在预算编制时，应该引入现金流量模型，将贷款资金的还、贷纳入财务预算，以更好地反映学校财务的真实情况。在还款高峰期，在保证基本支出的情况下，合理安排项目支出，保证资金链不断；在学校需要实现跨越式发展，大力加快学科建设、专业建设时，及时筹措资金，保证学校重点工作的完成。

（三）采取零基预算，突显预算管理的科学性

高校在编制校内财务预算时，往往按历年经费和习惯来编制预算分配数，预算编制方法简单落后，不能真正做到以收定支。一些高校长期沿用"基数＋增长"的分配方法，即根据上年的基数加本年增减因素来确定本年度的支出规模，这种方法虽简便易行，但

不符合公平、规范和透明的原则，分配给下属预算单位的指标基数缺乏量化分析和科学论证，其弊端在实际管理中越来越明显。高校必须深化预算改革，合理优化资源配置，改进预算编制办法，取消"基数＋增长"法，实行零基预算。零基预算是以零为基础编制计划和预算的方法。

在编制成本费用预算时，不考虑以往会计期间所发生的费用项目或费用数额，而是以所有的预算支出为零作为出发点，一切从实际需要与可能出发，逐项审议预算期内各项费用的内容及其开支标准是否合理，在综合平衡的基础上编制费用预算的一种方法。零基预算的着眼点是立足现在，面向未来，创新思维，反映预算管理的前瞻性思想，非常适应当前的积极财政政策形势。在具体执行过程中，将学校所有活动都看作重新开始，然后根据高校的总体目标，审查每项活动对实现总体目标的意义和效果，并在费用效益分析的基础上，排出各项管理活动的优先次序。资金和其他资源的分配，按照已认定的优先次序来排列，按照预算年度所有因素和事项的轻重缓急来测算每一单位、部门的支出需求，将预算编制到具体项目。对赤字项目则建立滚动项目库，按重要性排序，视财力按顺序分步专项落实。整个预算编制过程根据高校的总体目标和依据这一总体目标分解的各部门目标，经过自上而下和自下而上的多次反复沟通，形成预算初稿，经学校财经工作领导小组审核批准，形成正式预算，逐级下达各部门执行。零基预算是一种科学的预算方法，有利于提高高校资金的使用效益，有利于限制资金支出的随意性。

（四）强调预算管理的参与性

高校财务预算管理需要全校上下的协调配合，不能由财务部门关起门来做决策。由于各预算单位之间的信息不对称，财务预算管理需要各部门的共同参与，即要求在预算编制过程中，学校财务部门与各预算单位共同参与讨论，相互沟通。加强预算的参与机制为零基预算的实行提供了充分的条件，这种参与性预算让高校各部门、各层次的领导和各关键岗位的人员都一起参与预算的编制，可以提高预算指标的可靠性。在具体预算过程中，各预算单位先初步编制部门预算，并报财务部门初审；财务部门审核后提出修改意见，并及时将意见反馈给预算单位；预算单位再根据反馈意见进行分析和修正，或与财务部门进行磋商，最终将认可的预算报财务部门；最后，通过财务部门的整理汇总形成预算初稿。参与性预算充分考虑到预算执行者的意见，意义十分深远。

（五）高校编制预算必须坚持总原则

高校编制预算必须坚持"量入为出，收支平衡"的总原则，统筹使用学校各项资金，在学校内部实行国拨资金和自有资金的综合平衡，把这两方的资金捆在一起，统筹合理安排，这是管好、用好各项资金，使之更好地为教学、科研服务，最大限度地发挥其经济效益的重要措施。收入预算坚持积极稳妥原则，即指在编制收入预算中，既要考虑经费来源渠道的增加和收入的增长，又要尽量核实收入，避免赤字隐患。支出预算坚持统筹兼顾、保证重点、勤俭节约等原则。

（六）扩大编制预算范围，实施全面预算

高校所编制的预算只是校级财力预算，没有将各种非校级资金的收支纳入学校的预算范围。虽然有的高校编制了综合预算，也只是应对上级部门的需要，没有经过合理、科学的论证，与预算执行结果相差甚远。为了打破预算内外资金界限，统筹考虑学校各项资金，实行预算资金的统一使用、统一调控，增强预算的调控能力，必须扩大预算覆盖面，实行全面预算。

（七）科学编制综合财务计划

综合财务计划就是高校根据事业发展计划和任务编制的年度预算。预算的编制、执行是一个系统工程，在编制与执行过程中，要确保以下方面以强化预算的管理，提高预算管理水平：一是预算内容的完整性。要反映校级、院系二级单位的全部资金收支计划，否则将使预算考核缺乏依据和可比性。二是预算项目的细致性。经常性项目、专项经费不能采用粗线条估算，也不能只是总额的控制。对收入要打实，支出要打足。三是预算过程的公开、公正、民主。预算编制过程中要对学校内外环境的影响进行广泛、深入、系统的调查分析，要综合学校各方面建设的需要，要增强预算编制的透明度和科学性。四是预算效力的权威性。年度预算一经确定就要严格执行，职能部门不能随意要求改变或追加预算。五是预算与决算的有效结合。决算是一个财政年度的结束，是对收支完成情况的事后报告，预算只有与决算的结合才能全面反映财务运行效果，这就要求预决算的内容、口径要统一，要按照核算口径还原和归集已编制预算，以期取得可比口径预算项目进行考核。六是建立预算的跟踪、分析和评价制度，完善预算控制制度，优化资金的支出结构和确保资金正确使用，提高资金的使用效益，使预算更趋公平、合理、透明。

三、高校财务全面预算管理体系的创新

全面预算管理是一种全过程、全方位、全员的管理，它需要全员的参与，并且应全方位地包括、涉及高校经济全过程。因此，预算内容体系的安排应着重注意其全面性。所谓全面性，即预算必须涵盖高校经营业务和财务的全部内容。现行预算管理并没有将高校全部经济活动和财务活动反映到预算之中。全面预算管理要求高校的所有收入和支出都必须按照事权与财权相统一的原则列入学校预算。收入预算是指高校在预算年度内通过各种形式、各种渠道取得的可用于高校教学、科研及其他活动的非偿还性资金的收支计划。收入预算反映高校在预算年度内可能获得的资金，它构成了高校年度内可利用的办学资源，形成了对学校未来各项支出行为的约束条件。收入预算主要包括财政补助收入、上级补助收入、事业收入、经营收入、附属单位缴款和其他收入预算。

随着高校逐渐转变为自主办学的主体，各学院也拥有相当大的办学自主权，可以通

过组织培训班来提高筹资创收能力，但是现阶段很多高校没能将这部分资金纳入高校预算，造成学院"小金库"现象出现，降低了资金的使用效率，并使得预算约束软化。必须将上述收入纳入学校全面预算，避免资金的体外循环。支出预算是指高校在预算年度内根据学校发展计划开展各项教学、科研及其他活动的支出计划。支出预算通常划分为事业支出、经营支出、自筹基建支出和对附属单位补助支出预算等。为了加强预算资金管理的有效性，上述支出预算又可根据控制需要进一步分解细化，支出预算按照具体细化的开支项目编制，以提高预算的准确性、科学性和有效性。

（一）实施全面预算管理的主要内容

1. 加强高校全面预算管理的组织保证

为了保障全面预算管理有效，首先要加强对高校预算工作的组织领导。为保证全面预算的实施，首先要建立党政"一把手"负责的全面预算管理委员会，预算管理委员会以党政"一把手"担任主任，各教学院系主任及专家教授代表、各部处负责人及教职工代表等组成，以计财处工作人员作为主要工作人员。其主要职责是：学校在战略目标引领下，组织有关人员对各部门工作目标进行预测、审查、研究和协调各种预算事项、主持召开预算会议、确定预算目标、进行预算调整。管理委员会有权调动、整合高校的整个资源，并对每个院系、部处的权责利进行有效的控制和分配。

2. 成立专门的预算管理的职能部门

以财务部门为主设置预算管理的专门办事机构，以处理与预算相关的日常事务。其主要职责是：分解战略目标下的各部门任务，对各部门编制的预算草案进行初步审查、转化为财务分析数据，协调与综合平衡、汇总全校各部门申报的预算、撰写预算草案并向党政和预算管理委员会提出与预算有关的建议。同时，对预算的执行控制、差异分析、业绩考评进行管理。

3. 建立预算管理责任网络

对学校内部各部、处、院、系、科室或个人分配预算责任，每个责任中心都拥有一定的权力和承担一定的责任。一是要划分责任中心，进行预算责任分配。二是制定责任目标，确定责任指标体系。

4. 对各责任中心的执行情况通过指标体系进行评价分析

要建立预算的评价分析机构，验证各责任中心预算执行的真实效果。单位由学校财务部门和审计处在每年末就全校各责任中心的预算目标完成情况，进行预算执行情况检查分析。一方面是结合预算目标对各预算责任单位的财务收支进行全方位审计；另一方面也要对各预算管理机构管理效果进行检验，实现学校的内控循环，充分发挥内部审计和指标分析的作用。

（二）全面预算的编制过程

全面预算的编制过程要确定与下达为学校整体战略服务的各责任中心预算目标，还要确定预算目标能将学校的战略目标财务数据化，变成各部门、各层次教职工的工作任务。然后对预算总目标根据责任单位的职责范围和工作任务进行层层分解，逐级展开，具体量化，设计绩效预算考核的内容和指标，规定各项指标保质保量完成后的指标值，通过上下协商，制定出学校各部门、各单位直至每个教职工的目标，进而用总目标指导分目标，用分目标保证总目标，形成相互促进的责任预算指标。另外，学校财务部门根据各分解指标，在学校总"盘子"上以一级责任中心为单位进行分切。

（三）全面预算的执行与控制

预算指标要作为各责任中心年度业务活动的依据，将学校总体预算目标按照预算责任体系逐级分解，分级负责、归口管理，以财务预算为度量加以具体化并加以实施。学校要以组织机构进行保证预算得以执行。在学校内部建立多层责任网络，使学校总体预算目标得以实现。在预算执行过程中，要保证预算组织结构的合理性、责任层次和责任界限的明晰性。财务部门定期对财务数据进行汇总、分析，归纳成指标进行反馈，以保证对预算执行的监控，并将信息及时地反馈给各业务部门，并发出预警提示，增强预算控制的时效性和准确性，确保预算目标完成。

（四）全面预算实施考核指标体系与激励机制

为保证高校全面预算的实行，高校应像企业一样，设立一定的程序和方法，确保高校及内部机构和人员全面落实及实现财务预算。企业财务控制以组织保证、制度保证、预算目标、会计信息、信息反馈系统、奖罚制度等为基础，以价值控制、综合经济业务、以现金流量控制等为目标，全面落实财务预算。高校应在相同的思路上建立财务控制制度，保证预算的实现。对预算执行的考核指标与激励机制是预算管理的重要环节。对预算执行的考核指标是通过指标体系对单位内部各责任中心和个人预算执行情况进行考核与评价。以预算执行情况为考评标准，预算完成状况以指标为考评核心，通过财务分析指标、非财务指标的对比，对各责任中心预算执行情况进行考评。通过指标考核可以掌握预算执行情况和存在的问题，查找预算没有得到执行的根源，为解决问题提供依据；通过指标考核，可以确定各部门责任人对责任目标及责任标准的实现程度和对学校整体预算目标的贡献差异，预算执行考核指标，可以作为学校对部门工作考核的重要指标之一，为奖惩兑现提供依据。同时建立学校部门预算执行评比奖励机制，并将考核结果与各预算主体及全体成员的经济利益挂钩，通过预算考评与奖惩，达到鼓励先进、惩治落后的目的。

第四节 高校成本管理创新

一、加强成本管控意识

高校所进行的日常财务管理活动需要将成本效益理念作为其管理思想的一部分，从战略角度积极挖掘高校降低成本、提高效益的潜力，同时明确高校成本优势的获取并不是仅仅局限于成本管理本身。财务人员要及时向高校管理层全面提供高校的成本财务数据，以此来切实提高高校管理者对于成本管理的重视程度，强化成本管理在高校管理决策中的积极作用。

二、增强物资消耗管理

高校管理者需要对高校日常消耗材料物资制定出合理的定额，进一步健全和完善核算制度，并对费用等相关情况进行详细记录，合理结算高校各个部门所消耗的产品、物资以及劳务等。同时，还需要进一步强化成本核算等基础性工作，进一步对成本开支的标准以及范围进行明确，合理划分各种费用的界限，针对不同的物资消耗采用不同的成本计算方法。

三、加强教育成本核算

加强教育成本核算，树立成本效益观念，高校必须更多地依照自身的力量进行发展，依照自身实际情况，建立起适合于本校实际的成本核算和管理模式，以应对高校未来发展所面临的新情况和不确定性。高校财务管理应不再局限于预算资金收支的管理，而应该以绩效为导向，围绕绩效最大化的目标，采用管理会计理论体系中的成本效益比较原理进行成本效益管理。尽可能降低成本，提高资金使用效益，开源和节流并重，更好地实现财务管理目标，实现经济效益的最大化，使有限的教育资源创造出更多、更好的教育成果。

建立教育成本核算体系。高等教育的人才培养过程就如同生产产品的过程，其基本环节包括：招生宣传（广告）—招生（进原料）—在校教育（加工生产）—毕业考核（产品检验）—毕业分配（出厂）—用人单位使用及毕业生信息反馈（质量跟踪），这就为成本核算提供了理论基础，高校可以像企业那样，按照成本对象归集各项费用，计算生均成本。

四、优化成本管理方法

建立相应的指标体系。高校在成本管理中，应建立指标体系，并将其分配到每个部门，将指标的完成情况作为绩效考核的组成部分，从而在最大限度上促进高校的成本管理，形成从上到下，人人对成本管理都承担责任的良性局面。

进行成本预算管理，不断优化办学成本。财务处作为一级预算单位，首先通过科学的判断分析将成本合理地细化分解成固定成本、变动成本、混合成本，再将细化后的成本通过事先建立的成本管理控制模型进行计算分析，计算得出下一年度成本预算总量，最后将量化后的目标预算下达给各二级预算执行单位。各二级学院、行政部门作为二级预算执行单位，必须严格执行预算，不得随意突破。财务处在日常预算执行过程中进行全程监控，并对预算执行过程中发现的问题及时解决、校正，不断修正和完善成本管理控制模型。

创新高校成本管理的方法和技术手段。现代高校制度下，高校成本管理的范围不应只拘泥于高校产品的管理过程，应将管理范围进行必要的延伸。改变原先的被动计划、记账、算账的管理模式，既要向前延伸，也要向后延伸。尤其是伴随着高校成本管理越来越复杂，环境对信息处理的时效性以及准确性都提出了较高要求，高校有必要积极利用计算机信息技术提高成本管理效率。

第五节　高校财务绩效管理创新

一、高校财务绩效管理评价体系的创新

（一）开展财务绩效评价

科学设计适合高校的财务绩效管理评价体系，广泛开展财务绩效评价，具体如下：

（1）评价的方向应该是多向的。自评是在财务系统内进行多向评估，如上对下、平级（学院和各部门对财务部门、学院和各部门之间）等；外部评价，可以来自上级部门、教育部门、物价部门、社会等相关部门。

（2）评价的时效应该是长短结合，既有年度评价，也有任期评价。

（3）评价的内容应该是经济效益和社会效益兼备。高校是非营利机构，不以追求经济效益为第一目标，但这并不是说学校就可以不考虑国有资产的合理使用和有效利用。

（4）评价体系设计的原则以定量指标为主，定性指标为辅，应该少而精。同时，评价者能够比较容易地了解绩效评价体系，掌握相应的评价方法和技术。这样的评价系统才能比较容易地被评价者接受。

（5）高校要对纳入国库集中支付的项目进行科学分类，充分利用国库集中支付项目的信息库资料，对不同时期、不同地区、不同财政支出的数据资料进行科学分类。在国库集中支付制度下，高校财务应根据评价组织、评价对象、结果应用等各个因素制定相

适应的评价框架。

（6）高校要按财政支出绩效评价的主体不同，分别进行自我评价、财政部门评价和主管部门评价。

（7）高校在构建财政支出绩效评价体系时要遵循全面性与精简性相结合原则、科学性与可操作性相结合的原则、定量分析与定性分析相结合的原则。

（8）高校财务管理绩效指标一般分为五类：反映财务综合实力的指标；反映资金使用效益的指标；反映业绩成果的指标；反映发展潜力的指标；反映制度建设的指标。

（二）提高资金使用效益

评价体系的创新建立和完善高校财务管理的监督评价体系，包括对总经费使用的评价、对教学事业经费使用的评价、对科研经费使用的评价以及对社会服务经费使用的评价等，降低成本，进一步提高资金的使用效益。

（1）建立总财务经费使用的评价体系。对于学校总的财务经费，要做到收支有数、预算合理、核算严格。总财务经费要与分项财务经费相协调，定期对总的财务经费进行核算分析，得出分析报告，集体评议，掌握总的资金使用情况。总财务经费要严格按预算执行，根据预算执行情况和成本收益情况，建立相应的经费评价标准。还要加强对财务主管领导的监督和评价，建立财务负责制，对于财务领导的经费使用不当要予以纠正，严重的要撤销其职务或依法惩处。

（2）建立教学经费使用的评价体系。对于教学事业经费使用，要与学科专业的发展情况、教学任务的完成情况相挂钩。对于教学态度不端正、教学能力不足导致教学任务完成情况不好的单位或个人，要适当减少经费的投入。联合教学主管部门定期对教学单位或个人搞民意调查，根据学生的反馈情况做出客观分析和评价。还要根据就业指导部门掌握学生就业情况，考虑对个别专业教学经费的投入调整情况，对就业形势好的学科和专业要加大教学经费的投入；对于就业形势不好的学科和专业要及时与上级主管部门沟通，减少对该学科专业的教学经费投入。

（3）建立科研经费使用的评价体系。对于科研经费的使用，要与科研课题的申报数量和质量、项目的开展情况、按时结题的比例等因素相关联。对于科研课题申报数量少的部门，要较少科研经费投入；对于有重大原创性的课题，要大力支持，加大经费投入。此外，还要根据课题的可行性、开展情况等因素来决定是否对科研课题追加投入或减少投入，对于不能完成课题或不能按期结题的单位或个人要记录在案，再次申报科研课题、申请科研经费时要予以考虑。

（4）建立社会服务经费使用的评价体系。对于社会服务经费的使用，要与教师及学生的参与情况、对社会服务的质量和社会的反馈等因素相关联。为培养合格的人才，服务社会，要定期对社会各界进行问卷调查，了解社会各界对科学、技术和理论的需求状况。对于应用性、实用性强的领域要加大服务经费的投入，对于培养学生创新能力、教师科研能力的服务项目也要加大经费投入。

（三）细化部门预算编制

细化部门预算，强化绩效评价的创新，首先，应保证基本支出预算，包括人员经费和部门公用维持经费。经费预算安排中要向教学、科研倾斜，保证工作重点，压缩行政支出。其次，重点应放在项目支出预算的编制上。为此，必须配合国库集中支付制度和财政资金绩效评价的要求，强化项目管理，尤其是重大项目的预算管理，细化项目支出预算。总之要做好事前预算管理、事中控制管理和事后分析管理。

（四）创新绩效评价体系

财务绩效全面评价体系的创新，通过对高校财务收支情况分析，掌握学校的收入构成、支出结构及各项收支的增减变化情况；通过对预算执行情况的分析，促进和引导学校的各项工作，使预算起到"晴雨表"的作用；通过财务状况的分析，有利于科学决策，统筹调度，合理运用资金；通过办学效益的比较分析，为主管部门正确把握高等教育发展现状和未来趋势，为制定决策提供依据。

二、高校财务绩效评价指标与模型的创新

（一）高校财务绩效评价指标

1. 财务的综合实力

财务的综合实力可以反映学校的总资产能力，特别是深化教育改革后，在筹资渠道多元化下，学校自身筹集经费的能力，可以突出体现学校现有的办学规模和水平。通过对学校的总经费、自筹经费、科研收入、教学收入、社会捐赠与赞助收入、校办产业的经营收入等指标的系统分析得出高校的财务状况及其变化规律和趋势，不仅有助于高校充分了解自身财务状况，而且便于对各高校的财务状况进行横向的比较，找出自身的不足。

高校财务实力不仅表现为一定时点的资产负债数额，而且表现为一定时期的收入和支出，这体现了动态可持续的现金流和财务指标的相对值。由此可以用八个指标反映高校财务综合实力。

（1）高校各项经费的总收入。它反映了高校所拥有的综合经济实力，能够反映出高校各项事业发展的现状和潜力，具体分为国家和地方财政拨款以及高校自筹经费两部分。其中，国家和地方财政拨款包括主管部门拨付的教育经费、科研经费、其他经费、基建经费、上级补助收入等各项资金，也包含地方政府为帮助学校进一步发展而为高校提供的支持各项事业建设的款项。高校自筹经费包括高校的教学收入、科研收入、校办产业的经营

收入，通过社会捐助、赞助及校友捐款的奖学金等诸多方面。高校经费总收入是高校在一年内所获得的全部经费的总和，反映了高校在当今教育改革深化的体制下，在经济发展中多渠道筹措经费的能力和成果。

（2）国家和地方的财政拨款。国家和地方的财政拨款是当下高校资金来源的主要渠道，也是高校赖以生存的重要条件，主要包括财政下拨到高校用于教学、科研的经费，上级部门的补助，国家基建专项拨款以及其他拨款。它反映了国家和各级政府对高校办学的支持程度，是反映高校财务实力最重要也最直接的指标。

（3）高校自筹经费总额。高校的自筹经费反映了在市场经济体制下，高校利用各种渠道筹措资金的规模，它主要包括：高校自身筹集的用于教学、科研的经费，高校的经营性收入，获得社会各界的捐赠和赞助的收入、利息等其他收入。高校自筹经费的规模和数额主要反映了高校的实际办学能力以及自身寻求发展的能力。

（4）高校教学收入总额。它包括收取学生的学杂费、学生公寓费、体育活动场馆的使用费以及其他各项与教学活动相关的收入。高校教学活动收入是高校自筹资金的重要来源，其收入高低能够直接反映高校教学实力，体现出高校在自主办学条件下办学的规模和创收能力。

（5）高校科研收入总额。高校科研收入是高校各项科学研究活动所获取的资金、科学技术的转让收入、提出专业技术的咨询和服务收入的总和，集中体现了高校从事科学研究的水平和能力，以及对社会开展的、与科研项目有关的服务水平和状况。高校的科研收入能够反映高校综合科技实力，主要包括科研经费拨款和科研事业收入两部分。

（6）校办产业的经营收益。它主要包括高校所属单位和产业上缴到高校财务的款项、校办产业和经营单位的投资收益和管理费。它是高校财力统一支配和使用的各项费用和利润的总额。校办产业上缴的数额越高，可见其经营活动的效益越好，能够进一步说明校办产业经营管理和高校财务管理的能力越强。

（7）社会捐赠与赞助收入总额。高校通过社会捐赠、赞助以及校友捐款的收入是高校在自主办学体制下，扩大办学规模，提高社会影响力，多渠道筹集资金的重要方式。高校从社会各界无偿获得资金数额的高低反映了高校对外交往能力、社会知名度和影响力。

（8）高校年末资产净额。它是高校所拥有的全面净资产的总和，其数额的高低直接反映了高校的办学规模和办学条件。

2. 财务的运行绩效

绩效是用来衡量高校运行状况的一种工具，通过对高校教育要素的投入与其取得的各种符合社会需要的教育产品的比较，用数量的形式提供有关高校教育资源利用情况及其目标完成情况的信息。由于高校投入产出的测算困难，并且投入产出的关系模糊、复杂，很难对其经济效益进行考评。因此，引入绩效概念，绩效是效率、效益和效果的统称。用绩效代替经济效益来综合论述教育产出的效益状况，以对财务资源的取得和运行情况进行科学、客观的评价。

高校的财务绩效主要包括三方面的内容，即高校的财务效果、财务效率和财务效益。高校财务绩效评价应做到服务于政府、服务于投资人、服务于债权人，为相关信息使用者提供其所需要的信息。政府作为高校资产的最大所有者，是高校财务绩效评价体系中最重要的信息使用者，政府主要关注的是高校资产的使用情况、使用效率和资产的安全性和高校对国家和社会的贡献。高校的投资者侧重于关心高校的盈利能力和资本的保值增值情况。高校的债权人更关注高校的资产负债水平和偿债能力。高校财务管理绩效指标包括学校的自筹经费绩效、教学绩效、科研绩效、校办产业绩效和高校资产绩效五个方面。高校自筹经费绩效包括：学校自筹经费占总收入的比重，高校自筹经费的年增长率，自筹经费占基建经费的比重等具体指标。

高校教学绩效包括高校师生比、生均事业支出、生均设备费、教职工人均经费、教育活动收入的年增长率等指标。高校科研绩效包括教师科研人均经费和科研活动收入年增长率。高校校办产业绩效包括校办产业的经营收益年增长率、校办产业的投资收益率、校办产业的资本金利润率以及资本保值增值率等具体指标。高校资产绩效包括固定资产的年增长率、学校投资收益率等指标。

3. 财务的发展潜力

目前，高校在招生计划、专业设置、教学方式、科学研究、人事制度等方面的自主性得到了加强，高校财务管理也不例外。高校自主办学的独立体制使得高校在办学资金的筹集和使用方面都较计划经济时期拥有更多的自主权，也使高校面临计划经济时期所不存在的风险。这种风险主要体现在资金运作的过程中，高校经费收支难以平衡、财务状况失衡的风险，这种风险集中表现为高校在利用金融工具为自身发展筹措资金时产生的金融创新风险以及高校校办产业的财务风险。对财务风险的评价可以从另外一个角度分析高校负债状况以及高校对财务风险的承受能力，分析高校财务发展的潜力，具体可以用下列指标进行综合评价和考核：学校年末存款净额、年末借款总额、自有资金和其他资金的使用程度、高校年末借款占高校总经费的比重、高校净资产占高校总支出的比重、校办产业的长期负债总额和资产负债率、应收及应付款占年末流动负债的比率等。

（二）高校财务绩效评价模型

综合评价，就是遵循整体性原则，在分别使用各项指标对总体现象的各个方面进行单一因素评价的基础上，对各单项指标的评价结果进行综合，将总体各方面的特征用一个指标表示出来，用以对经济现象的状态做出全面、统一的判断。综合评价有利于系统、深刻地认识事物，为经济工作提供全面的统计信息，对经济现象实行整体优化。在实际工作中，一般包括四个方面的内容：①设置一套能全面反映研究对象各个方面的指标体系；②确定评价标准，作为综合评价的基本依据；③将各项指标与评价标准进行比较，分别对经济现象的各个方面进行单因素评价；④采用适当的评价方法对各项指标的评价结果进行汇总，形成一个全面反映经济现象的综合评价数值。

首先，确定一套指标体系。在确定评价标准时，由于在高校预算评价中存在较多重要的定性指标，可以使用专家评议法。这种方法首先要聘请有关专家，通过有关资料的收集、汇总、分析、综合，就定性指标的某一方面进行评价、判断。专家评议可以采取背靠背评议和面对面评议等多种形式进行，通过对调查问卷的计算确定各指标的权重（通过程序计算）。专家先对一级指标打出权数，然后根据二级指标对一级指标的影响程度进行打分，再进行归一化折算（通过程序计算）。在此基础上，运用综合经济效益指数法对高校办学效益进行综合考核评价。综合经济效益指数法是根据指数分析的基本原理，采用算术平均数指数公式，对经济现象进行综合评价的一种方法。综合经济效益指数法用统一的数值作为评价的标准，使得经济效益指数在不同时期或不同地区具有可比性，它直接把各项经济效益指标可得知的数值进行加权平均，使得综合经济效益指数不仅能综合反映经济效益的变动趋势，还能具体反映经济效益的变动幅度，所以能更正确评价各地区（部门、单位）经济效益的综合水平。计算综合经济效益指数的有关数据比较容易获得，计算过程也不太复杂，但它主要的缺点在于权数的确定缺乏足够的定量分析和论证。

三、高校财务绩效管理与拨款的创新

高校绩效管理以目标管理来作为基本管理理念，其基本框架也是围绕高校目标管理来展开的，这样做既能够将绩效管理贯穿于整个高校管理过程，同时也能够体现绩效管理的整体性以及系统性。作为一个管理过程，目标管理能够实现组织内部上级以及下级之间的目标协调，并结合整体需要制定出高校在一定时期内的整体战略目标，对高校内上下级的责任进行合理划分，确定好具体子目标和整体目标，将这些目标作为绩效评价考核的具体标准来加以落实。因此，在实施高校绩效管理时应当结合管理实际，从高校的长远目标着手，合理确定高校长期、中期以及短期发展目标，在此基础上对绩效目标进行层层分解和细化，最终形成完善的绩效管理目标体系。与此同时，在管理目标的设定上还应当确保目标的可验证性以及可度量性，只有这样才能够将这些指标作为高校绩效管理的定量指标来使用。

在进行绩效管理时，应当重点明确关键性财务绩效指标，这是高校整体组织目标与高校员工具体职责之间进行连接的桥梁。关键绩效指标的获得应当重点来源于职工的工作岗位。此外，除了上述的高校职工个人工作目标之外，还可以将其他的工作内容作为可以定量的关键绩效指标。依靠职工工作岗位的分析对比来合理确定能够对高校组织目标产生增值作用的职工工作产出，并将其作为定量指标。同时，结合工作岗位分析，进行职工岗位职能调查，实现对关键性职责的描述和定性，也可以获得定性的关键性指标。在此基础上实现绩效管理的定量考核、定性考核的结合，能够有效提升绩效管理的时效性。

财务绩效拨款的创新，从字面意义上就可看出，绩效拨款意味着最终拨款的数额应与经济活动的产出结果保持一致，即绩效考核的指标会最终影响拨款金额。而高校绩效拨款则意味着学校需要设定一定的时间段，在该期间内量化绩效指标体系，然后通过一定的公式来计算得出高校可以获得的财政拨款金额。高校绩效拨款方式不论在拨款的方法上还是在拨款的程序上或者是拨款评价上，都体现出了一定的绩效理念，使得拨款更加公正、公平，并且可以促进高校提高对财政资金的使用效率。具体而言，高校绩效拨款的模式，将政府的财政资金发放建立在对高校取得的科研成果或者办学质量的考核之上，考核结果越好，高校下一阶段能够获得的财政拨款资金就越多。

高校绩效拨款模式正在开启高校财政资金管理的新里程，意味着政府在向高校调拨经济资源时，能够同时兼顾考察资源的使用情况，并且根据使用的效率来做出更为合理的分配，这必将促进我国高校教育资源使用效率的全面提高。但同时，各高校又不得不对既定财务管理现状进行创新，来迎合绩效调拨制度的使用，使得绩效调拨能够更好地发挥应有的激励作用。

第五章 高校会计理论

第一节 会计理论概述

一、会计理论的目的与作用

（一）会计理论的主要目的

会计理论的目的主要表现为以下五个方面：

第一，指导会计准则的制定。会计理论特别是财务会计概念结构框架的确立，可以帮助会计准则制定机构在制定具体准则时能保持相关概念的内在一致性，减少或避免不同准则之间的冲突，限制会计实务中相同交易的多种处理方法和程序，提高会计信息的可比性和一致性。

第二，评价会计准则的有效性。衡量会计准则是否具有高质量，是否有效，尽管可用实践的标准去检验，但根据制度经济学的基本原理，既然会计理论是制定会计准则的理论基础，那么评价会计准则是否有效的标准也应该以会计理论为依据。这样能促使会计准则制定者在制定会计准则时自觉地遵循会计理论，并做到制定的基础和评价依据的一致性。

第三，预测和帮助开拓新的准则。会计准则是对会计实践的科学反映和系统总结，对于许多新的和未知的会计实践领域，需要准则制定者尽快制定出相应的准则，而会计理论可以帮助制定者缩短探索新的和未知领域的时间，少走弯路，从而使会计准则尽可能接近于会计实践，甚至超越实践。

第四，抵制利益集团的压力。会计准则具有经济后果，它不仅对微观主体可能产生经济影响，还对政府的宏观目标或社会目标产生影响。因此，会计准则的制定过程既是不同利益集团博弈的过程，其本身也是一个政治化程序。

第五，直接指导会计实务。通常情况下，会计准则是指导会计实务的直接依据，但由于会计准则的制定总是落后于会计实践，当会计实践的发展致使原有的会计准则不再适应或处于会计准则真空状态时，作为会计准则制定基础的会计理论将起到直接指导会计实务的作用。

（二）会计理论的重要作用

会计理论的作用主要有以下不同观点：

第一，美国会计学家利特尔顿在《会计理论结构》一书中，把会计理论的作用归纳为以下六点：①帮助我们研究已经完成的实务，以便使我们能够理解指导那种处理方法或建立另一处理方法的理由；②帮助我们在观念和思想之间寻找相互联系的思路、理由和目标；③帮助我们权衡可选择的观念、目标和方法；④帮助我们注意各种观念的相关性，帮助我们理解某些观念比其他观念更重要，以及有些观念与其他观念密切相关而有些观念则截然不同；⑤帮助我们增强运用观念工作能力，寻求与一个问题有关的观念，解决观念之间的冲突，展开并增进观念的意义；⑥帮助我们认识可以运用原则的场合，就像我们选择适合于某种情况的程序那样容易。

第二，会计理论对会计实务的作用主要是通过会计理论对会计政策选择（或会计准则的制定）的影响而实现。会计理论的作用主要包括以下四个方面：①可用来解释和说明现有的会计实务。会计理论源于实践，但又高于实践，会计理论必须能够解释和说明为何会计行为是这样的，为何采用这样的会计处理方法，而不采用其他的会计处理方法，或解释和说明可以使用其他方法的理由。通过对会计实务的解释和说明，促使良好的会计实务的生成；同时，会计理论也只有在解释和说明会计实务中得以验证。②有助于信息使用者更好地理解现有的会计实务和财务报告信息。会计理论可以增进报告提供者和使用者之间的沟通，帮助使用者了解财务会计报告的一些基本概念和基本原理及相关事项，理解财务报告的目标、作用及其局限，从而使使用者对财务报告信息有一个正确的理解，并据此做出恰当的分析判断和正确的决策。③能为评价现有会计实务提供一个概念框架。指导和评价会计实务的主要依据是会计准则等一系列会计规范，但这些会计规范是依据会计理论制定出来，所以，评价会计实务的根本依据还是会计理论。当一项新的会计事项产生，而没有相应的会计规范去约束，或原有会计规范不适合时，可以用会计理论对这一特定事项进行评价，并催生新的会计规范的产生。④可以用来预测会计实务发展的趋势。预测是对未来事项的反映，而未来事项具有不确定性、模糊性和风险性。会计理论应当能够预测未观察到的会计事项，并对未来事项进行描述和归纳，从而指导新的会计程序和方法的开拓。

二、会计理论的层次分析

根据对会计理论及其作用的不同理解，会计理论可分成三个不同作用标志的层次：即结构性理论、解释性理论、行为性理论。

第一，结构性理论：主要试图说明现存会计实务，并预测在某种情况下会计人员如何通过会计报告来反映既定情况产生的具体会计事项。由于这种会计理论着重描述会计的结构形式，在会计理论体系中起着类似于语言学中语句语法的作用，所以也称其为"句法性理论"或语法性理论（Syntactical Theory）。

第二，解释性理论：即借助经济学概念来解释会计实务，使会计报表的编制者对会计概念、会计准则的运用和解释与报表使用者的理解相一致，与会计信息系统反映的对象相一致。这一理论的作用在于坚持会计实务的逻辑性，在会计理论体系中起着类似于语言学中语义的作用，所以又可称之为"语义性理论"（Senantical Theory）。

第三，行为性理论：在于强调会计信息使用者的需要，以及会计信息应如何影响使用者的决策行为。行为性理论也考虑面向管理决策的内部报告以及会计和审计人员在信息反馈中的作用，这种理论试图说明，如果企业采用一种新的会计政策和会计程序，必须运用行为性理论去计量和评估由此引起的经济的、社会的、心理的等各方面的影响。其在会计理论体系中起着类似于语言学中语用的作用，所以又可称之为"语用性理论"（Pragmatical Theory）。

三、会计理论的分类方法

在现代西方会计理论中，对会计理论的分类方法很多，如按学科域进行分类，按研究方式进行分类，按推理方式进行分类等，具体如下：

（一）会计理论按学科分类

会计理论按学科分类，可分为以下方面：

第一，财务会计理论。财务会计理论是关于财务会计学科领域的理论，大多数会计文献和会计理论的研究成果均属于财务会计理论。

第二，管理会计理论。管理会计是现代会计的一个分支，它是从传统的、单一的会计系统中分离出来，成为与财务会计并列的一门新兴的、独立的、综合性的边缘学科，是多种学科相互交叉、渗透的结合体。

第三，审计理论。审计是指对某一企业的财务报表或有关的财务信息进行独立的审查并进而发表意见。审计包括外部审计和内部审计两个方面，外部审计通常是指政府审计和注册会计师审计（或称民间审计、社会审计）。简而言之，审计理论就是对审计本质、审计目标、审计假设、审计环境、审计概念、审计准则、审计程序和方法等及对审计实务的指导关系所做的系统分析。

随着两权分离理论、委托代理理论、信息不对称理论、信号理论、保险理论、公司治理理论被引入审计研究领域，审计理论得到了极大的丰富和发展。

（二）会计理论按研究方法分类

会计理论按研究方法分类，可分为以下方面：

第一，规范会计理论。规范会计理论是指采用规范性方法，即强调演绎方法所建立起来的会计理论体系。传统会计理论大多属于规范会计理论。由于规范性研究方法所强调的是世界应该是如何运行的，而不关心世界是如何运行的，相应地，规范会计理论主张不应受会计实务的影响去发展会计理论，强调会计理论应高于会计实践，并指导会计实践。

第二，实证会计理论。实证会计理论是指采用实证研究方法建立起来的会计理论体系。实证会计理论研究的目的是解释所观察到的会计现象，并寻找出这些会计现象发生的原因。实证会计研究常用的方法有：问卷调查法、案例分析法、实验研究法（包括实验室实验研究和实地实验研究）、专家访谈法和数理统计研究法，用实证方法研究会计理论问题的一般程序是：提出命题、建立假设、收集资料、验证真伪。

实证会计理论研究经历了两个主要发展阶段，第一阶段主要是研究会计和资本市场的行为，主要讨论的是会计信息在资本市场上的作用，但未能对会计实务做出解释和预测，典型的是会计信息含量的研究；第二个阶段着重于试图解释和预测企业的会计实务，即会计政策选择的实证研究——不同的会计政策选择会影响不同利益主体的经济利益，即会产生不同的经济后果。研究的重点集中在两个方面：一是试图解释企业在有选择余地的情况下为何选择了某一特定的会计程序和方法；二是试图解释企业是为了效益的原因选择了某一会计实务，即会计政策是预先选定的，典型的是盈余管理的研究。

第三，行为会计理论。行为会计是研究特定约束条件下会计行为的指向及其变动规律的学科，它是会计学、行为科学、心理学、社会学、管理学等学科相互渗透、相互融合的产物。行为会计理论认为，会计行为不是无序的，而是有规律并且可以控制的。会计行为是各约束条件的函数，即会计行为取决于各影响因素形成的约束条件。行为会计的基本特征是：行为会计是一门边缘性学科，行为会计具有会计学的基本特征，行为会计的目标是，揭示会计的行为动机和行为目的，以及会计行为对企业及企业利害关系者的影响和影响程度，以便寻找更加科学的会计行为。

（三）会计理论按推理方式分类

会计理论按推理方式分类，可分为以下方面：

第一，演绎推理理论。演绎推理理论是依据演绎推理程序建立起来的会计理论体系。这里的演绎推理程序是以会计目标、会计假设或其他概念为前提，推导出会计原则、准则及相应程序和方法的过程。运用演绎法进行推理的一般程序为：提出命题—推导结论—验证—具体问题。可以有两种不同的逻辑推演思路：第一种，会计假设—会计基本原则—会计准则—具体会计程序；第二种，会计目标—会计信息质量特征—会计要素—会计确认、计量与报告的标准。用演绎推理构建会计理论的优点是可以保持相关概念之间的内在逻辑关系，使理论构建具有逻辑严密性；缺点是如果假设或前提是错误的，则整个理论结构也是错误的。

第二，归纳推理理论。归纳推理理论是依据归纳推理程序建立起来的会计理论体系。这里的归纳推理程序就是从大量具体的会计实务归纳推理出具有一般性关系或结论的过程。运用归纳法进行推理的一般程序为：观察与记录全部的观察结果—分析与分类记录结果—从观察到的关系中推导出一般会计概念或会计原则—验证推导出的结论。用归纳推理构建会计理论的优点是可以不受预定模式或结构的约束，并把理论结构建立在大量具体事实的基础上；缺点是由于个别人的观察对象与范围有限，每个企业或经济组织的情况不同，有关的内在联系或数据关系也可能不同，从而使归纳推理的结论难免以偏概全。

第二节　会计目标与会计基本假设

一、会计目标分析

会计目标是一定社会经济环境下的产物，是指在一定的会计环境之中，人们期望通过会计活动达到的标准或者结果。我国会计学界对会计目标的研究主要围绕"决策有用观"和"受托责任现"两种观念展开。受托责任观学派认为会计的目标是向资源的提供者报告受托责任及其履行情况，所以应以客观信息为主。决策有用观学派在重视资产负债表的基础上更加重视损益表，更强调信息的可靠性和相关性。从目前总的发展趋势来看，决策有用观学派占了主导地位。

（一）会计目标的不同观点

我国会计理论界对会计目标形成了三种不同的观点：一是受托责任观；二是决策有用现；三是融合理论观。"受托责任观"和"决策有用观"都是与特定社会经济环境相适应的。

我国经济在近年来取得了突飞猛进的发展，但是市场经济体制还不够完善，资本市场和企业运行机制与欧美国家不同，因此，不能按照西方会计理论，而要创建适合我国国情的会计目标理论。

受托责任观和决策有用观融合的会计目标是适应我国现阶段经济状况的合理选择。我国会计目标采用融合理论的会计目标，是由我国现阶段的会计环境决定的。我国现阶段正处于经济转轨时期，国有经济在国民经济中仍然占据主导地位，政府是会计信息最主要的使用者，国有企业提供的会计信息必然要满足政府这个委托人的需求。同时，国有经济在资本市场中也占据了重要地位。因此，会计信息的使用者，除了政府职能部门以外还有一些投资机构如银行，个人投资者都会关注上市公司的信息。不同的投资者对信息的需求不同，目的不同，但是在我国现阶段的这种经济状况下，会计信息首先要满足政府的需求，而后才是其他需求者的决策有用需求。

基于决策有用观和受托责任观融合理论下的会计目标定位是符合国际惯例的，是符合我国现阶段经济现状的。随着我国经济的不断发展，投资者将呈现多样化，各种所有制的经济比重变化以及国有股权改革将会使上市公司的结构和数量发生变化。待决策有用目标的经济条件成熟后，为了满足信息使用者投资决策的需求，会计信息的提供会向决策有用方向转变，而在经济状况发生变化的情况下，我国的会计目标定位还会发生变化、发展。

（二）会计目标的影响因素

第一，国家政治法律因素。一个国家的政治制度和法律制度约束着会计组织制度建设、会计理论研究和会计教育。目前，我国正处于经济转轨时期，随着经济的不断发展，政府在市场经济中的作用将更加符合国际惯例，新会计准则和一系列会计相关法律法规的颁布体现了我国与国际惯例的趋同。良好的法律环境，将会为会计的发展创造更好的条件。

第二，经济因素。会计产生于经济管理的需要，经济环境是直接影响会计发展的最重要的因素。经济体制的变革势必导致会计的变革，经济发展水平的高低对会计理论和会计实务的发展产生重大影响。伴随经济全球化的速度不断加快，市场竞争日益激烈，会计业务处理进一步多变化和复杂化，会计实务合作日益频繁，这就意味着我国企业要遵照国际惯例开展经营活动。

第三，文化教育因素。一个国家的文化教育水平直接影响着会计从业人员的专业素质，更影响人们对会计的认识和理解，进而影响会计理论研究方法及会计的基本思想。会计人员水平的提高会对会计工作产生重要的影响，也会影响到会计在经济发展中作用的发挥。全球一体化使得市场竞争更加激烈，为了在激烈的竞争中立于不败之地，各国对优秀会计人才的竞争愈演愈烈。转变会计教育的工作思路，培养适应市场人才需求的新型会计人才是我国会计教育面临的一大课题。

第四，科学技术因素。科学技术的进步带动了社会生产力的提高，促进了市场经济的发展，对会计方法、手段的革新、拓宽、深化会计工作领域也起着重要的促进作用。电子计算机和生产技术设备的发展，在会计上的运用不仅改变了会计工具和会计方法，也提高了会计工作效率。而互联网技术在会计上的应用更是给会计带来了一场技术上的革命，MRP、ERP的运用导致企业自身的变革和业务流程再造，使会计信息系统紧随业务渗透到企业经营管理的各个方面。计算机和网络技术的发展和在会计领域的运用，打破了会计信息在时间和空间上的限定，对会计理论和实务将会产生深远的影响。

二、会计基本假设

会计假设又称会计假定，是指对某些未被确切认识的会计现象，根据客观的正常情况或趋势所作的合乎事理的判断，而形成的一系列构成会计思想基础的公理或假定。会计假设是限定会计核算的范围、内容，据以对收集、加工处理的会计信息加以过滤和筛选，以保证会计工作正常进行和会计信息质量的基本前提和约束条件，也是设计和选择会计方法、程序的重要依据。

中华人民共和国财政部发布的《企业会计准则——基本准则》认为，会计基本假设包括会计主体假设、持续经营假设、会计分期假设和货币计量假设，同时将权责发生制作为会计基础与上述会计基本假设并列入基本准则的总则中，认为权责发生制是企业会计确认、计量、报告的基础，必须贯穿于整个企业会计准则体系的全过程，属于财务会计的基本问题，其层次较高，统驭作用强，这实际上是把权责发生制放在与会计基本假设同等重要的位置。

（一）会计主体假设

会计主体是指会计工作为其服务的特定单位或组织，它为会计工作规定了活动的空间和范围。会计主体是随着社会生产力和经济活动组织形式的发展变化而产生的。在生产经营规模很小，业主独资经营的情况下，经营活动和业主的活动是合二为一的，其会计核算的内容既包括业主生产经营活动，也包括个人的收支。而当几个人合伙经营时，合伙经营收支活动就必须与各业主个人收支活动相区分，需要确定会计主体，即合伙会计的核算范围。这样，会计主体的概念便应运而生。

会计主体的作用在于界定不同会计主体会计核算的空间范围。为了向财务报告使用者反映企业财务状况、经营成果和现金流量，提供与决策有用的信息，会计核算和财务报告的编制应当集中于反映特定对象的活动，并将其与其他经济实体区别开来，这样才能实现财务报告的目标。因此，对企业而言，它要求会计核算区分自身的经济活动与其他企业单位的经济活动，区分企业的经济活动与企业投资者的经济活动。企业的会计记录和会计报表涉及的只是企业主体范围内的经济活动，而不核算反映企业投资者或所有者的经济活动，也不核算反映其他企业或其他经济主体的经济活动。这样通过界定会计核算的范围，才能正确反映会计主体的资产、负债和所有者权益情况，才能准确提供反映企业财务状况、经营成果和现金流量的会计报表，才能提供会计信息的使用者所需要的信息资料。确定了会计核算的范围，企业的投资人、债权人及其他利益相关人才可能从企业的会计报表中得到有用的会计信息。

会计主体与法律主体并不是同一概念。一般而言，法律主体必然是会计主体，但会计主体并不一定就是法律主体。任何企业，无论是独资、合资或合伙企业，都是一个会计主体。在企业规模较大的情况下，为了便于掌握其分支机构的生产经营活动和收支情况，可以将分支机构作为会计主体，要求其每期编制会计报表。此外，在控股经营的情况下，母公司及其控制的子公司均为独立的法律主体，各为会计主体，但在编制合并会计报表时，也可将母公司和子公司这些独立的法律主体组成的企业集团视为一个会计主体，将其各自的会计报表予以合并，以反映企业集团整体的财务状况和经营成果。也就是说，会计主体可以是独立法人，也可以是非法人；可以是一个企业，也可以是企业内部的某一单位或企业中的一个特定的部分（如企业的分公司、企业建立的事业部）；可以是单个企业，也可以是由几个企业组成的企业集团。

然而，随着科学技术特别是信息技术、网络技术的发展和应用及竞争的日趋激烈，经济发展日益表现出多样化、复杂化，会计主体假设的典型形态——企业的边界也变得越来越模糊，具体表现为以下方面：

1. 企业的外延难以界定

以知识为基础的信息技术革命不仅突破了地域空间对经济交往的限制，更重要的是导致企业组织之间的界限不再像工业时代那样清晰。企业能够轻易实现内部某些要素与外部相关要素的重新组合，从而构成新的功能，实现新的生产能力。这种"新组合"的实质是一种动态的合作关系，其表现形式有"战略联盟"和"虚拟企业"。

第一，所谓战略联盟，是指由两个或两个以上有着对等经营实力的企业为达到共同拥有市场、共同使用资源等战略目标，通过各种契约而结成的优势相长、风险共担、要素双向或多向流动的松散型网络组织。战略联盟多为自发的、非强制性的，联盟各方仍保持着原有企业的经营独立性。

第二，"虚拟企业"是指在信息社会中，企业在开发、生产、销售新产品时，通过信息网络在世界范围内形成的最佳合作伙伴组成的临时集团。当开发某个项目时，技术能力、生产能力、销售能力最强的企业主动组合到一起共同开发和生产，项目结束后，联合体立即解散。由于虚拟企业没有有形的办公场所、固定资产、雇员等，仅仅是一个抽象的联合体，它的最重要的资产只能是人力资源和知识产权。虚拟企业的出现，突破了以往的空间概念，使会计主体不仅仅局限于现实生活中"实"的物理空间，还对应于网络中"虚"的媒体空间，这种"虚"的媒体空间，跨越了现实中的地域界限。更为重要的是，"虚拟企业"使企业的空间范围能够根据迅速变化的市场需要灵活地重构和分合，从而使会计主体具有可变化性。它可能根据业务需要随时膨胀或缩小，也可能立即解散。

可见，存在于网络中的虚拟企业与传统的会计实体相比，具有很大的不确定性。它极大地改变了会计主体的存在方式，它是一种新型的"相对会计主体"，一个具有"相对稳定"的网络上的组织——由各独立组织组成的临时联盟体。这种"相对"会计主体拓展了以往传统有形的会计实体假设。由于虚拟企业外延界定的困难，导致会计主体假定的模糊，这样，如何真实、公允地计量这些虚拟公司的资产、负债、所有者权益，会计报表如何在形式和内容上适应这种变化，是会计主体假设理论必须解决的问题。

2. 不同利益主体对会计信息的不同需求

不同利益主体对会计信息的不同需求，导致了现行会计主体编制的四大报表，即资产负债表、利润表、所有者权益变动表和现金流量表很难满足用户的个性化需求。会计报表信息公开的内容理应取决于特定的目的和对象。对于会计信息的主要使用者如投资者、债权人、供应商、政府、雇客、社会公众等而言，他们对信息需求的侧重点是各不相同的。如政府部门关心的是企业参与市场资源配置、履行社会职责方面的信息。因此，会计主体应重点提供有利于政府制定正确的企业政策、税收政策、宏观经济政策方面的会计信息；公众最关心的是企业对当地的贡献，如提供就业机会的多少、劳动报酬的高低、职业教育培训情况、对公共事业的捐赠、对环境治理的贡献等，因此，会计主体应重点披露履行社会职责等方面的信息。

（二）持续经营假设

1.持续经营假设的不同观点

持续经营假设是指企业在可以预见的将来不会破产清算，按照当前的规模和状态及既定的目标持续不断地经营下去，直到实现企业主体的计划和完成受托责任为止。对于持续经营主要有以下不同观点：

第一，财务报表的编制，通常是根据主体是经营中的主体并且在可以预见的将来会持续经营的假定，从而假定主体既不打算也没有必要实行清算或缩小经营规模。如果有这种打算或必要，财务报表就可能必须按照不同的基础编制，然而要是那样做的话，就应当说明所采用的基础。

第二，在编制财务报表时，管理层应对主体是否仍能持续经营进行评估。除非管理层打算清算该主体，或打算停止经营，或别无选择只能这样做，否则主体应以持续经营为基础编制财务报表。管理层在进行这种评估时，当意识到有关事项或情况的高度不确定因素可能引致对主体是否仍能持续经营产生重大怀疑时，主体应披露这些不确定因素。如果主体不是以持续经营为基础编制财务报表，则应披露这一事实，并披露其编制财务报表的基础和主体不被认为是持续经营的原因。

对于会计主体前途的这种稳定性的设想，反映了与主体有利益关系的所有集团的愿望。持续经营假设为会计工作的正常活动做出时间上的规定，因为只有在这样的前提下，会计主体才能采用历史成本而不是清算价值来确认、计量、报告其资产要素，所有资产也将按照预定的目标在正常的生产经营过程中被耗用、出售，它所承担的债务也将如期偿还，企业提供的财务报表也就被理所当然地看成是一系列连续报告的组成部分。

2.持续经营假设的重要地位

持续经营假设在会计理论中占据着极其重要的地位，会计核算上所使用的一系列会计处理方法，都是建立在持续经营的前提下的。例如，在持续经营的前提下，才能运用历史成本原则，企业才可以按照正常的情况使用它所拥有的各种经济资源和依照原来的偿还条件来偿还它所负担的各种债务。企业对于它所使用的机器设备、厂房等固定资产，只有在持续经营的前提下，才可以在机器设备的使用年限内，按照其价值和使用情况，确定采用某一折旧方法计提折旧。如没有规定这一前提，在清算的情况下，则不能运用历史成本原则，只能用清算价值来反映会计对象。因此，在持续经营的前提下，企业在会计信息的收集和处理上所使用的会计处理方法才能保持稳定，企业的会计记录和会计报表才能真实可靠。

3.持续经营假设的局限性

如果没有持续经营的前提条件，一些公认的会计处理方法将缺乏存在的基础，也将无法被采用，企业也就不能按照正常的会计原则、正常的会计处理方法进行会计核算，不能采用通常的方式提供会计信息。

另外，持续经营假设得以实现的基本前提是假定会计主体在可能预见的未来不被清算、终止，又假定它将持续到一个不能确定其结束的时间，且在持续经营期内，会计主体会按当前的规模和状况继续经营下去，其经营计划和目标均能实现，不会有大的变化。而事实上这些假设条件具有很大的局限性。具体表现为以下方面：

（1）目前会计主体所面临的经济环境发生了明显的变化。在工业时代，企业所面临的经济环境是一个相对稳定的结构（排除政治因素），变化平缓，风险较小，在这种环境下，只要企业在设立时能周密规划，其经营目标一般能够实现，这是持续经营假设很重要的外部环境条件。然而，今天我们已进入了信息技术时代，会计主体面临的是竞争日趋激烈、风险日益增大的经济环境，在这样的风险环境下，企业随时都有被清算、终止的可能。

（2）"无实体公司"的兴起及迅速发展对"持续经营假设"提出了最直接的挑战。"无实体公司"的主要特点是根据业务需要，把许多个体通过网络联结起来，一旦业务完成即告解散，这种公司的外延变化频繁，而且它的负债和现金流量将按需要和效率分割成条块。对于这种"无实体公司"而言，建立在"持续经营假设"基础之上的许多会计处理方法显然不再适合，因为它违背了"持续经营假设"的根本前提——假定会计主体在可能预见的未来不被解散、终止。这就需要构建一种新的会计处理方法来反映"无实体公司"的结构和功能的变化。

（3）现实经济生活中兼并浪潮的迭起，增加了单个会计主体失去持续经营的可能性。在竞争激烈的市场经济中，企业有着强烈的发展扩张的欲望，一般运用两种基本方式进行，即通过内部投资新建生产能力和通过兼并寻求企业的重组和扩张。比较而言，兼并往往是企业发展效率较高的方式。其优势主要表现为以下四个方面：第一，兼并可有效地降低进入新行业的问题，大幅度降低企业发展的风险和成本，同时可充分利用被兼并企业的成功经验；第二，通过兼并可以实现合理避税的目的，同时由于兼并的预期效应可以使兼并双方的股票价格大幅上扬，使股东财富增加；第三，兼并可以不断扩大企业的市场控制能力，可以使企业获得某种形式的垄断，这样，既能带来一定的垄断利润，又能保持较强的竞争优势；第四，通过兼并可以实现经验共享和优势互补，从而优化成本结构、降低产品价格、增加收入来源和增强抵御小规模地区性经济疲软的能力。

（三）会计分期假设

会计分期假设是持续经营假设的逻辑延伸，指将企业持续经营期人为地分割为一个个连续的、长短相同的期间，以便结算账目、确定损益、编制报表、及时提供会计信息。由于持续经营假设已把会计主体当作一个长期存在的经营单位看待，而信息使用者为了短期决策却经常需要有关企业在某个时期的财务状况、经营成果和现金流量的各种信息。为了满足信息使用者的这种需要，企业应向有关各方提供信息，而不能等到经营活动结束时才去进行结算和编制财务报告，这样，就必须提出会计期间即会计分期假设。会计分期假设认为，凡是能描述一个企业财务状况、经营成果和现金流量的财务报告，就应该予以提供。会计期间分为年度和中期，年度通常是一年，称为"会计年度"。中期是指短于一个完整会计年度的报告期间，如月份、季度、半年度等。我国会计期间的起讫日期为公历日期。

会计期间的划分对会计核算有着重要的影响。由于有了会计期间，才产生了本期与非本期的区别；由于有了本期与非本期的区别，才产生了权责发生制和收付实现制，才使不同类型的会计主体有了记账的基准。采用权责发生制会计后，对于一些收入和费用也要按照权责关系在本期和以后会计期间进行分配，确定其归属的会计期间，为此需要在会计处理上运用预收、预付、应收、应付、预提、摊销等一些特殊的会计方法。

会计期间的划分，使企业连续不断的经营活动分为若干个较短的会计期间，有利于企业及时结算账目、编制会计报表；有利于及时提供反映企业经营情况的财务信息，能够及时满足企业内部加强经济管理及其他有关方面进行决策的需要。然而，由于会计分期假设是人为地把持续不断的企业生产经营活动划分为较短的经营期间，为了分清各个期间的经营责任和业绩，在会计处理上就需要运用"应计""递延""分配""待摊""预提"等特殊的程序来处理一些应付费用、预收费用、各种折旧、各种摊销等项目，而这些特殊的会计处理程序，又是建立在一系列的会计假设基础上的，是人为的结果。这必然导致客观经济现实与会计反映结果的背离，是引致很多会计信息失实的制度性原因，是会计分期假设固有的理论上的缺陷。如固定资产折旧，对于当期应分摊多少固定资产损耗价值，会计上无法精确地加以计量。虽然固定资产取得时的价值是客观的、公允的，但固定资产可使用年限（尤其是经济年限）、固定资产的残值在事前是无法准确计量的。即使是在原值、可使用年限、残值已定的情况下，采用不同的折旧方法（直线法、加速折旧法等）确认的当期损益也截然不同。由此可见，要承认会计分期假设是合理的、必须的，就要承认会计处理上某些估计是难免的，而有估计就不可能精确，也就是说，要承认会计分期假设的合理性，就必须承认会计处理的结果——会计信息永远不可能是精确的，这也从另一方面印证了会计信息的真实性只能是相对的，是程序理性的结果。

（四）货币计量假设

货币计量假设是指会计提供的信息主要以货币（即记账本位币）为计量尺度，会计是一个可运用货币对企业生产经营活动进行计量并把计量结果加以传递的过程。货币计量假设有两个含义：一是在诸多计量单位中假设货币是计量经济活动及其结果的最好单位；二是货币的单位价值是不变的。

货币计量假设可以使各种性质的会计主体（企业）的经济业务按同一标准计量反映，信息可比。企业的生产经营活动具体表现为商品的购销，各种原材料和劳务的耗费等实物运动。由于商品和各种原材料、劳务的耗费在实物上不存在统一的计量单位，无法比较，为了全面完整地反映企业的生产经营活动，会计核算客观上需要一个统一的计量单位作为会计核算的计量尺度。在商品经济条件下，货币是商品的一般等价物，是衡量商品价值的共同尺度，会计核算就必然选择货币作为会计核算上的计量单位。会计核算以货币计量，使会计核算的对象——企业的生产经营活动统一地表现为货币运动，能够全面完整地反映企业的财务状况和经营成果。

由此可见，上述基本假设对会计系统的正常运行是不可或缺的，如果违反这些基本前提的规定，现代意义上的会计就不能作为科学的信息系统为使用者提供服务。但是，就目前对实践认识的水平而言，人们又无法或不能证明它，因此，将其界定为"假设"，"假设"所代表的前提和制约条件具有客观性，但人们却依靠判断来认识它，所以也不能排除基本假设中的主观和相对成分，当前，人们对会计假设所包括的内容看法不一致，缘由就在于此。

货币计量假设有两个主要的限制因素：第一，会计信息应理解为基本上是可按货币定量或带有财务性的，这一假设导致人们把会计定义为"一门关于计量和传递货币性活动的学科"；第二，货币单位自身带有局限性，即它以币值稳定或币值变化甚微或者假定其变化不重要为附加条件。然而，货币计量假设固有的局限性已严重影响了会计学科体系的严密性及会计作为一门重要的计量科学在企业管理中应发挥的作用。

第一，把会计计量局限于货币计量，明显割断了会计计量的发展历史。会计当时是直接用实物量度、劳动时间量度再加上必要的文字说明来计量财物收支情况的。而以货币计量作为会计计量的尺度，则是商品经济发展到一定阶段的产物。

第二，即使在商品经济条件下，把会计计量局限在货币计量，也影响了会计作用的发挥。大家知道，社会财富一旦被赋予商品的属性，就成为使用价值和价值的统一体。而价值管理和使用价值管理的统一性随着管理空间的逐渐变小而愈益明显。例如，第一线的生产工人对其使用的原材料、工具设备等负有直接的管理职能，而这些生产资料本身既有一定的使用价值，又代表着一定量的价值。在这里，价值管理与使用价值管理是直接的统一。同样，对第一线的生产工人进行会计管理，用实物量度比用货币量度更为科学、方便。例如，炼钢厂的吨钢耗电量，在工人那里最直观的反映是电耗的实物量——度数，只有把度数乘以电价（货币计量）才是价值量。显然，对炼钢工人而言，最直观的指标是耗电度数，而不是耗用的电费，因为电费还要受到电价的影响。可见，把会计计量局限在货币计量上，不但人为割裂了价值与使用价值的紧密关系，也影响了会计作为一门最重要的计量科学在商品经济条件下应发挥的作用。

第三，货币计量假设实际上已把会计定义为"一门关于计量和传递货币性活动的学科"。而把大量的非货币性信息排斥在会计信息系统之外，这在市场经济条件下，尤其是在充满激烈竞争的信息时代，实际上是要强迫会计放弃社会经济信息主要提供者的角色，降低会计信息的作用。

第四，货币计量假设为会计新兴分支学科的产生、发展设置了障碍。近年来，随着会计学科与其他学科的融合，出现了很多新的会计分支学科，有代表性的如社会责任会计、人力资源会计、资源环境会计、行为会计、质量会计，等等。这些新兴会计学分支学科反映和控制的内容已远远超过货币计量所能涉及的范围，而深入到社会责任、企业责任、人的因素、环境资源、产品质量等许多方面。

第三节 会计确认与会计计量

一、会计确认

会计确认是计量、记录、报告的前提，是会计循环的起点，贯穿会计信息加工的始终，它决定了会计数据的输入、加工和输出，因此，会计确认是非常重要的。企业每天生产经营活动产生大量的、分散的、复杂的原始数据，会计确认需要根据既定的标准和原则进行分析、甄别和筛选，确认哪些交易和事项应当输入会计信息系统中，何时输入会计信息系统中，作为哪种会计要素记录，又如何通过分类、汇总和压缩反映到会计报表当中，这些会计数据的加工不仅要遵循有关法律法规以及规章制度，而且要受到会计目标、会计假设、会计准则的约束。

所谓会计确认，是指通过一定的标准，辨认应予输入会计信息系统的经济数据，确定这些数据应加以记录的会计对象的要素，进一步还要确定已记录和加工的信息是否全部列入财务报表和如何列入财务报表。会计确认包括两个步骤：第一，初始确认解决的是经济业务数据是否应该输入会计系统以及输入会计系统的数据到底对哪些会计要素产生怎样的影响；第二，再确认则是决定哪些项目是否以及如何列入财务报表的问题。换言之，会计确认第一次解决会计的记录问题，第二次解决报表表述问题，可以把它概括为确认的两阶段观。另外，通过对上述各类公告对确认概念表述的比较，可以对确认这个概念概括如下：

第一，在整个会计循环中，确认是决定交易或事项是否能进入会计信息系统的第一道关口，而符合要素定义是判定是否确认的首要标准，可计量性是另一个必要条件。确认是将某个项目作为资产、负债等会计要素正式记录并列入财务报表的过程。

第二，确认，既要用金额又要用文字表示，并且还要将其金额计入财务报表的总计之中，那么其他的注释以及在财务报告中披露的信息不能够对表内信息形成替代。换言之，凡是依据所有的确认标准并通过严格的确认程序将交易和事项纳入报表的过程才能是表内确认，否则，在会计报表之外的信息属于披露的范畴，而对于披露的要求并不像确认的要求那么严格的。表内的信息是会计信息系统最核心的信息，而表外的信息仅仅是对表内信息的补充说明。

第三，确认的整个过程需要会计人员的大量职业判断，会计人员在确认的过程中，不仅需要运用相关确认标准判定是否应纳入表内确认，并且需要选用恰当的确认基础加以确认，不仅如此，确认时还应当依据相应的会计原则：是否效益大于成本，所应记录和计入报表的项目是否符合重要性原则，确认是不是谨慎，有没有高估资产、低估负债，有没有采用激进的会计方法，等等。

第四，关于确认的步骤有三阶段论和二阶段论，通过概念比较发现，两者并没有实质性差异。二阶段论表述的是某个特定的会计期间，某一符合标准的项目被记录和列报的过程，记录的过程被称为初始确认，列报的过程被称为再确认；三阶段论表述的是在不同的会计期间内，某一符合标准的项目被列报、更新列报和从报表移除的过程，三阶段论中的初始确认实际上就包含了二阶段论的初始确认和再确认。由于当前的经济环境变化越来越快，越来越多的交易创新和金融创新的出现，为了更确切地全面反映企业在不同会计期间的经营管理活动的真实情况以及它所面临的风险，突出反映报表项目的终止确认是非常必要的，它有助于提高会计信息的相关性。

（一）会计确认的基础

根据确认的定义，需要明确哪些交易和事项应该进入会计报表，还需要明确符合会计确认标准的经济业务和经济事项应当在何时确认、归入哪个会计要素、应予多少金额确认。现行的会计理论体系提供了三种会计确认基础：基于交易观的收付实现制（Cash Basis）和权责发生制（Accrual Basis），基于非交易观的现金流动制。

1. 收付实现制

收付实现制又被称为现金制（Cash Basis），以收付实现为核心的会计方法又被称为"现金会计"，它是一种以现金收到与支付为确认基础的会计方法，在早期得到广泛应用，但随着产业革命的出现，工厂制度的建立和机器等资产的长期使用，使得简单的收付实现制不再能够适应日益复杂的经济业务，最终导致应计制成为账务处理的基本方式，主要有以下观点：

第一，计量收入的现金基础将从顾客处收到的现金报告为收入，换而言之，如果收入是定期地按收到款项为标准，则一切所发生的成本应按此标准来分配。

第二，现金基础是与权责发生制基础相对应，它要求收到现金时确认收入、支出现金时确认费用。收入确认无须对收入和费用进行配比。

根据以上观点，收付实现制的特点可以归纳为：收付实现制作为确认的基础，它一般只用来确认收入与费用；根据收付实现制，当期收到的现金都作为当期收入，当期付出的现金都作为当期的费用，收益就是当期现金收入和支出相抵后的结果。因为纯粹收付实现制下只确认与当期的现金收支有关的事项，所以，收益的确认不需要进行收入和费用的配比，会计期末也不需要对收入和费用进行调整，没有对待摊、预提等应计项目的调整。根据收付实现制，会计主体的资产全部是现金，不可能有其他形式的资产，也不可能有债权与债务。因此，纯粹的收付实现制只适合无信用购买、信用销售的纯现金交易环境，而且经营主体没有大额的资产投入且营业活动极其简单。

纯粹的收付实现制只适合于简单的经济交易环境，随着现实经济生活中企业生产经营的不断复杂化，信用交易被越来越广泛地应用，特别是工业革命之后，机器化大生产大量出现，如果按照收付实现制原则对设备的大量资本性投入进行处理的话，将大幅增加当期费用，冲减本期利润。在这种情况下，纯粹的收付实现制逐渐失去了它所依赖的环境，难以正确反映企业的经营成果和经营状况，因此，纯粹的收付实现制为"修正的收付实现制"所代替。所谓修正的收付实现制，是指在遵循现金收支确认收入和费用的总体原则下，对债权债务、长期资产（如机器设备）等按照权责发生制的要求加以确认。从出现的时间上来看，对债权债务采用修正的收付实现制出现在先，对长期资产采用修正的收付实现制出现在后。

对债权债务采用修正的收付实现制，主要是因为信用交易的出现使得纯粹的收付实现制变得难以应用，应收账款或应付账款全部在当期不予记录可能导致虚减当期收入或虚增当期收入；另外，直接将借款往来记作收入或费用也违背常理。因此，实践中对于信用交易所产生的债权和债务处理有了一些修正，即部分接纳权责发生制原则，将信用销售业务所产生的债权确认为企业的资产并同时确认收入，将信用购买业务所产生的债务确认为企业的负债并同时确认费用；对于借出款项所导致的现金减少记入债权项目，对于借入款项所导致的现金增加记入债务项目。对债权、债务确认的修正，部分解决了商品经济所广泛涉及的信用交易问题，但它的应用还只局限于小规模的、经营较为简单的、以商品买卖为主的商业活动范畴，由于工业革命后大规模机械化生产企业的经营成果和经营状况记录还存在不适应的地方，此后逐渐产生了对长期资产确认的收付实现制的又一次大修正。

2. 权责发生制

权责发生制（Accrual Basis）也被称为应计制，虽然它的出现晚于收付实现制，但当今世界各国普遍以权责发生制作为会计确认的依据。关于权责发生制的界定，相关观点较多，现列举部分代表性观点如下：

第一，权责发生制会计是按货物的销售（或交付）和劳务的提供来确认收入，而不考虑现金的收取时间；对费用也按与之关联的收入确认时间予以确认，不考虑现金支付的时间。

第二，交易的其他事项对企业资产和负债的影响，在其直接关联的时期内确认与报告，而不是在现金收支发生时确认与记录。

第三，权责发生制试图把企业带来现金后果的交易及其他事项和情况对于企业的财务影响，记录于这些交易、事项和情况发生的时期，而不限于企业收到或付出现金的时期。权责发生制关注的是花费在资源和经营业务上的现金将以更多的现金（也可能是更少的现金）收回的过程，而不仅是这一过程的开始与结束。

第四，按照权责发生制，要在交易和其他事项发生时（而非现金或现金等价物收到或支付时）确认其影响，并且要将其记入与其相关期间的会计记录，并在该期间的财务报表中予以报告。

第五，以权责发生制作为会计确认的基础，起码应当包括三方面的内容：①权责发生制的应用需要职业判断，其判断标准是交易或事项对企业经济资源和义务确实产生了影响，而这一影响以权利或责任是否发生作为判定、甄别应该进入会计信息系统的经济业务的依据；②将经过筛选、准予进入会计系统的交易或事项输入会计信息系统时，应按其实际影响的权利与责任的情况而决定应记入何种要素：资产、负债、收入、费用、所有者权益等；③权责发生制不仅是指收入和费用的确认，它还应能广泛应用于全部的会计要素。

概括而言，权责发生制是用于确定会计要素归属期间的会计入账标准，它是以具体的权利或责任是否发生为判断依据，决定哪些交易与事项应当进入会计信息系统并记入何种会计要素。具体而言，在确认收入与费用时，凡是已经发生的收入与费用，无论款项是否收到，都应当作为当期的收入或费用进行核算；凡是不属于当期的收入与费用，即使当期收到款项，也不作为当期的收入或费用。在确认其他会计要素时，哪个会计期间的权利或责任发生，则将其影响归纳到那个会计期间受影响的会计要素中。

权责发生制的产生及应用是工业革命的产物，早期的权责发生制仅仅涉及债权债务的确认，后来才开始尝试用于长期资产的确认。采用权责发生制的好处在于：可以使得收入和费用能更合理地配比，可以避免各期损益的剧烈波动。不仅如此，权责发生制还可反映会计主体的资产、负债及其变动信息，所以，后来会计报表的各个要素都以权责发生制为基础来加以确认。

虽然权责发生制基础在当今的会计确认中得以广泛应用，但是，权责发生制的应用依然面临许多问题。首先，权责发生制是基于持续经营和会计分期的基本假设，它需要会计人员以权利或义务发生与否为依据进行判断，而后进行计提、摊销等会计处理，但是这种判断容易受到各种因素的影响而失去客观性。如果有关人员迫于压力能找到舞弊的机会而且又失去了职业操守的时候，会计舞弊就很容易发生，这时，权责发生制就沦为会计舞弊的主要工具。例如，安然公司将未来不确定收益记入本期收益，施乐公司不仅提前确认收入而且违规调节利润，世通将期间费用资本化等，这些会计舞弊都与滥用权责发生制有关。其次，权责发生制的应用使得应计制下的会计利润与企业真实现金流量脱节，使企业容易忽视流动性风险。再次，权责发生制的应用容易使会计信息透明度下降。与权责发生制相关的会计核算方法如应计、预提、摊销、递延等，与一系列相关性原则、可靠性原则等一起应用。最后，权责发生制反映的是交易观，运用权责发生制不能反映自创商誉，也不能反映企业的人力资本，对于衍生金融产品，账面上也不能充分反映其巨大风险或收益。特别是在网络经济时代，权责发生制的会计基础——持续经营假设也受到了冲击，对于一些网络虚拟组织，它的存续期间极短，因此，持续经营假设根本不存在，当然，权责发生制也就失去了其应用的空间。

3. 现金流动制

现金流动制（Cash Flow Basis）以收付实现制为基础，从盘存制的思想出发，通过比较期初期末净资产的对等现金（可以是现行市价，也可以是未来现金流量的贴现值）来确认利润。现金流动制与收付实现制有密切关系，但又存在较大区别。

现金流动制的利润计算突破了原有的收入减费用的既定模式，而是通过比较期初期末的资产净值差异来确定利润，这种做法的好处主要体现在三个方面：第一，避免了权责发生制下的任意跨期确认收益及摊销费用，因此，也可以避免人为的会计操纵；第二，现金流动制符合基于决策有用论的会计目标，依据现金流动基础所提供的现金流动信息，可以提高会计信息的决策相关性，并可增强同一时期不同企业之间会计信息的可比性，使得信息使用者可以做出正确决策；第三，利润不仅包括来自交易活动的收益，而且包括持产利得和损失（比如存在活跃市场交易的可以采用用公允价值计量），可以反映企业净财富的变化，符合资产负债表中心说；第四，现金流动制从盘存的思想出发，建立在非交易观的基础上，可以全面反映衍生金融工具，在理论上自创商誉也可以得到反映（比如可以采用未来现金流量贴现），使风险与报酬揭示得更加充分，因此，以现金流动制为基础对企业经营状况的反映更加全面。

但是，在实务操作中，以现金流动制为确认基础还存在一些问题，例如，应当以什么价格来对资产计价，是以现行市价，还是以采用未来现金流量贴现值，抑或是其他计价方法，至今没有统一定论。不同类别的资产，其风险报酬是不一样的，不同类别资产的计价标准应如何区别对待，对此也没有定论。使用中的长期耐用固定资产价值如何确定，如果市场上已经有该资产的升级产品且价格更低廉，正在使用的固定资产应当采用哪种方法确定其价值也难以确定。所以，以现金流动制作为确认基础，最主要的问题在于所应用的计量属性的可靠性问题。另外，可靠性的主要标志包括反映真实性、可验性和中立性，而基于盘存思想的现金流动制恰恰是因为缺乏独立的证据可供事后验证，因此难以满足可靠性要求。

通过比较以上三种会计确认基础，可以发现它们各有其优缺点和适用的环境。但是，我们在选择会计确认基础的时候应当充分考虑到会计信息是有经济后果的，会计信息的加工和披露影响着企业的各个利益相关者的经济利益，它不仅仅与经济资源在企业利益相关者之间的合理分配密切相关，而且与企业能否有效缔约、能否有效降低契约成本密切相关。会计信息质量受到各方面的高度关注，而会计信息质量的高低正是与会计确认基础的正确选择密切相关的。从当前的经济环境来看，为了兼顾会计信息的可靠性与相关性，一些传统的会计模式将依然保持下去，权责发生制作为会计确认基础的这一基本原则尚不可能改变，而现金流动制可以作为必要的补充。

（二）会计确认的标准

会计确认的核心问题之一是会计确认的标准设置，标准的设置不仅决定了何种信息进入会计信息系统，还直接关系到会计记录、计量和报告，而且也影响着财务会计报告目标的实现。通过对会计确认标准理论的大量研究，我国会计理论界逐渐趋向于将确认标准划分为两个层次：第一，会计确认的基本标准，主要解决哪些交易或事项应进入会计信息系统；第二，具体标准，主要是在基本标准的基础上解决基本标准的具体操作问题，是对基本标准的详细说明和补充规定。

1. 会计确认的基本标准

美国财务会计准则委员会（FASB）发表的第 5 号财务会计概念公告《企业财务报表的确认和计量》中不仅正式定义了会计确认，而且还提出了四个确认标准：①符合定义——项目要符合财务报表某一要素的定义；②可计量性——具有一个相关的计量属性，足以重复可靠地计量；③相关性——有关信息在用户决策中有重要的作用；④可靠性——信息是反映真实的、可核实的、无偏的事项。

国际会计准则理事会（IASB）颁布的《编报财务报表的框架》一书在"财务报表要素的确认"部分的第八十三段规定，如果符合下列标准，就应确认一个符合要素定义的项目：①与该项目有关的未来经济利益很可能流入或流出主体；②对该项目的成本或价值能够可靠地加以计量。IASB 同时指出，某一时点不符合上述确认标准的项目，由于随后出现的情况或事件，可能在较晚的日期符合确认的条件。

英国会计准则委员会（ASB）在财务报告原则公告第五章"财务报表的确认"中将确认标准界定为：如果一项交易或其他事项可以产生一项新的资产或负债，或者可以为现存资产或负债增添价值，那么，在同时满足以下条件的情况下，应将这一交易确认：①有足够的证据存在并表明新的资产或负债已产生，或者已为现有资产或负债增添了价值；②新产生的资产或负债，或者为现存资产或负债增添的价值，可以按足够的可靠性用货币金额加以计量。关于中止确认，ASB 做出以下规定：在以下任何一种情况下，一项资产或负债应全部或部分中止确认：①有足够的证据存在并证明，一项交易或其他过去的事项已经全部或部分消除了先前已确认的资产或负债；②虽然该项目继续作为一项资产或负债存在，但已经不满足确认标准。

我国新颁布的《企业会计准则》中并没有专门界定会计确认的标准，但是，在基本准则中分别叙述了资产、负债会计要素的确认条件为：①满足定义；②与该项目有关的经济利益可能流入或流出企业；③该项目的成本或者价值能够可靠地计量。只有符合以上条件的项目才能够列入资产负债表。可见，我国的新准则对确认条件的规定与 IASB 的观点几乎完全相同，只有第一条款中"未来"与"很可能"之间的细微差异，体现了我国在准则制定方面国际化趋同的趋势以及原则性导向。

2. 会计确认的具体标准

会计确认的具体标准，是在基本标准的基础上主要解决基本标准的具体操作问题，是对基本标准的详细说明和补充规定，具体包括以下方面：

（1）时间基础性。时间基础性是指在进行会计确认时，应该在哪个时点将交易或事项记录到会计信息系统中。现代会计研究以四个基本假设为前提，其中持续经营、会计分期假设使得资产、负债、权益、收入、费用等会计要素的确认有了上期、本期和下期的区分，因此，产生了两个不同的时间基础即两种确认标准：权责发生制和收付实现制。

（2）空间主体性。会计基本假设中的会计主体假设，决定了对会计对象在范围上的确认标准，即空间主体性。会计主体假设为会计确认提供了重要标准，决定了会计确认只能在特定的会计主体空间内进行，不属于特定会计主体内发生的交易和事项，不能进入会计信息系统。可见，会计确认的对象只能是特定会计主体内的各项会计要素。

（3）相关性。相关性是指与信息使用者的决策相关，它是对会计信息质量的要求，也是会计确认的标准之一，它要求在进行确认时，交易和事项经过加工进入会计信息系统之后形成的有关信息应当满足各方面信息使用者的要求，会计信息系统应能针对使用者的具体要求确认相关性强的数据，排除相关性差的有关交易及事项数据，增加会计信息的决策有用性。为了提高相关性，会计核算还应当及时地搜集并记录符合确认标准的交易与事项，及时地对交易与事项予以加工处理并计入相关的会计要素，列入会计报表之后及时向有关方面报告。

（4）真实性。真实性既是对会计信息质量的要求，同时也是会计确认的标准之一。在会计确认时要求有切实可靠的依据，确认之前不仅要核查原始凭证的来源是否可靠，还要核查原始凭证的记录是否真实，只有进入会计信息系统的信息在源头上是真实的，会计信息系统最终所提供的财务会计报告才可能是真实的。进入会计信息系统的信息必须是对企业经营情况的真实反映，不允许以计划或是预算的数字代替实际数据输入会计信息系统，更不允许假账真算或是真账假算甚至主观臆造，对会计数据变更应当有合理的依据，并且必要时应充分披露，所有的记录与计算应当是可以验证的，最终所有列示在财务报告上的信息必须如实反映企业的财务状况和经营成果，不能歪曲、隐瞒和造假。

（5）合法性。合法性是指进行会计确认时，应当依据国家的有关法律法规、政策制度进行审查，保障合法的业务数据进入会计信息系统。合法性是会计确认的重要标准，如果在进行会计确认时发现违法的经济业务应予以制止并报告有关部门。

二、会计计量

关于会计计量，各类财务会计文献中的表述各不相同，主要有以下不同观点：

第一，计量是根据特定的规则把数额分配给物体或事项。具体而言，计量应当包括：①计量尺度，或是计量单位；②计量规则，即计量哪一方面，计量的精度如何；③分配具体数量，即执行数量分配活动的过程。

第二，会计就是要计量和传递一个经济主体活动中数量方面的信息，虽然定性信息是重要的，但会计职能强调通过数量表示有意义的定量信息来增进有用性，其中特别强调了数量信息是提高决策有用性的基础。

第三，财务报表要素（资产、负债、权益、收入、费用、利得和损失）是关于企业的经济资源，其转移资源的义务以及这些资源的投入、产出或变动的数量表现。计量基本包括计量属性与货币单位或计量尺度两个方面。

第四，计量是指为了在资产负债表和收益表中计列财务报告的要素而确定其金额的过程。

第五，企业在将符合确认条件的会计要素登记入账并列报于会计报表及其附注（又称财务报表）时，应当按照规定的会计计量属性进行计量，确定其金额。但是，新准则中并没有确切地给出计量的定义。

所有会计报表所提供的信息都是货币化的信息，它是对企业经营活动的货币化计量，企业的经营成果、财务状况以及财务状况的变动都应当被量化、加工后，转换成综合的信息在企业财务报表中集中反映，可见会计系统的核心职能正是计量。

会计计量与会计的基本功能密不可分，从会计发展的历史来看，有不少学者认为：正是会计计量成为现代会计发展的动力之一。从早期的会计经管责任反映来看，实际上就是以定量化来反映经管责任，只有通过对委托资源在各个时点的量化（资产计价）和对委托资源使用效果的量化（收益决定），受托人才能向委托人报告经管责任。之后相继出现了成本计算、存货计价、折旧处理、递延摊销等，所有这些会计核算方法无不与会计计量的发展密切相关。可见，会计计量的确是会计系统的核心职能。

在会计计量的长期发展历史中，计量的重心发生过转移。以损益表为主的计量被称为"收益计价观"，以资产负债表为主的计量被称为"资产计价观"。"收益计价观"专门定义损益表要素，重点放在损益表、收入确认原则和收入计量上，资产和负债的定义、确认和计量被放在从属的位置上。"资产计价观"却强调资产和负债的定义、确认和计量，收益的计量处于从属的地位。

20世纪30年代的会计计量是以"收益计价观"为重心的，会计政策主要是关于收益的定义、确认和计量的，收益是当期的会计收入和费用配比的结果，损益表和资产负债表主要就是应用收入确认原则和配比原则编制出来的。收益计价观的应用，导致一些不符合资产负债定义的项目被列入资产负债表，因为这些项目在资产损益表中是递延确认的。例如，开办费属于递延费用，它本身并不符合资产的定义，因为开办费属于沉没成本，不会带来未来的经济利益流入，但它却被列入资产负债表中。

（一）会计计量属性

会计计量属性是指被计量客体的特征或外在表现形式，即将被计量对象予以数量化的特征或方面，从某种意义上讲，一种计量模式区别于另一种计量模式的标准就是计量属性。在财务会计中，计量属性是指资产、负债等要素可用财务形式定量化的方面，即能够用货币单位计量的方面。交易与事项可以从多个方面予以货币计量，从而有不同的计量属性。例如，资产的计量就有历史成本、现行成本、未来重置成本等。企业的资源计价即使是以统一的货币计量，也可能得出不同的货币金额，具体包括四个方面：①过去购买的价格：过去在取得该资源时的初始交易价格或支付的货币。②现时购买的交易价格：类似资源在现在的交易市场上购买价格，相当于现在尚未持有但为取得该资源而在现时支付的货币金额。③现时出售的交易价格：现时出售该资源时可能收回的货币金额。④未来交易价格：在未来该资源的交易价格或者是与该资源有关的未来现金流量折现。

另外，各类准则制定机构规定了内容各不相同的会计计量属性，具体有以下方面：

1. 各类准则制定机构确定的会计计量属性

（1）国际会计准则委员会（IASC）。国际会计准则委员会在《编报财务报表的框架》一书中指出，财务报表在不同程度上并且以不同的方式采用若干不同的计量基础，具体包括历史成本、现行成本、可变现价值（结算价值）、现值。

1）历史成本。资产的记录，按照其购置时支付的现金或现金等价物的金额，或者是按照为了购置资产而付出的代价的公允价值。负债的记录，按照承担义务而收到的款项的金额，或是在某些情况下（如所得税），按照在正常经营中为偿还负债预期支付的现金或现金等价物的金额。

2）现行成本。资产的列报，按照现在购买同一或类似资产所需支付现金或现金等价物的金额。负债的列报，按照现在偿付该债务所需支付的现金或现金等价物的不予折现的金额。

3）可变现价值（结算价值）。资产的列报，按照现在正常变卖资产所能得到的现金或现金等价物的金额。负债的列报，按照其结算价值，即在正常经营中为偿还负债将会支付的现金和现金等价物的不予折现的金额。

4）现值。资产的列报，按照其在正常经营中所能产生的未来现金流入净额的折现价值。负债的列报，按照其在正常经营中予以偿还所需的未来现金流出净额的折现价值。

（2）美国财务会计准则委员会（FASB）。美国财务会计准则委员会在《企业财务报表的确认和计量》一书中认为，现行实务中有五种不同的计量属性，即历史成本（或原始成本）、现行成本、现行市价、可实现（清偿）净值和未来现金流量的现值（或贴现值）。具体表述如下：

1）历史成本——财产、厂房和设备及大部分存货是按历史成本报告的，历史成本就是取得一项资产时支出的现金数额或其他等值，在取得之后通常要以摊销或其他分配方式调整，包括向顾客提供商品和服务的责任在内的负债。一般是按其历史成本收入报告的，也就是在该项责任发生时收到的现金数额或其他等值，随后可能采用摊销或其他分配方式进行调整。

2）现行成本——某些存货是按它们的现行（重置）成本报告的。现行成本是指假如在本期取得相同或类似的资产时将支出的现金数额或其他等值。

3）现行市价——某些有价证券是按其现行市场价格报告的。现行市价是指在正常清算情况下销售各该项资产时可望获得的现金数额或其他等值。现行市价往往也应用于那些预计要以低于原有价值的价格销售的资产。某些涉及可销售商品或证券的负债，例如并不拥有作为其基础的商品或有价证券的约定购买数的承诺者或普通股的出售者所承担的费用，也是按照现行市价报告的。

4）可实现（清偿）净值——短期应收款和某些存货是按照它们的可实现净值报告的。可实现净值是指资产在正常业务进程中可望变换为非贴现的现金数额或其他等值（应扣除直接费用）；涉及未来的不确定时期的应付款的已知或估计数额的负债，例如应付货款或商品保证责任，一般是按它们的清偿净值报告的。清偿净值是指在正常业务进程中为清偿各项债务应予支付的非贴现值的现金数额或其他等值（如果有的话，还要包括这项偿付的直接费用）。

5）未来现金流量的现值（或贴现值）——长期应收款是按照它们的现值（根据内含的或历史的贴现率计算）报告的。未来现金流量的现值是指资产在正常业务进程中可望变换成未来现金流入的现值或贴现值减去为实现这一流入所需的现金流出的现值。长期应收款同样是按照它们的现值（根据内含的或历史的贴现率贴现）报告的，也就是在正常业务进程中为清偿该项负债所需的未来现金流出的现值或贴现值。

（3）中国的《企业会计准则——基本准则》。《企业会计准则——基本准则》中的"会计计量"部分是这次发布的新准则中比较突出的部分，旧准则中没有这部分内容，它明确了会计计量的概念和五种计量属性的定义。

1）历史成本。在历史成本计量下，资产按照购置时支付的现金或者现金等价物的金额，或者按照购置资产时所付出的代价的公允价值计量。负债按照因承担现时义务而实际收到的款项或者资产的金额，或者承担现时义务的合同金额，或者按照日常活动中为偿还负债预期需要支付的现金或者现金等价物的金额计量。

2）重置成本。在重置成本计量下，资产按照现在购买相同或者相似资产所需支付的现金或者现金等价物的金额计量。负债按照现在偿付该项债务所需支付的现金或者现金等价物的金额计量。

3）可变现净值。在可变现净值计量下，资产按照其正常对外销售所能收到的现金或者现金等价物的金额扣减该资产至完工时估计将要发生的成本、销售费用以及相关税费后的金额计量。

4）现值。在现值计量下，资产按照预计从其持续使用和最终处置中所产生的未来净现金流入量的折现金额计量。负债按照预计期限内需要偿还的未来净现金流出量的折现金额计量。

5）公允价值。在公允价值计量下，资产和负债按照在公平交易中熟悉情况的交易双方自愿进行资产交换或者债务清偿的金额计量。

另外,《企业会计准则——基本准则》第四十三条还明确规定:"企业在对会计要素进行计量时,一般应当采用历史成本,采用重置成本、可变现净值、现值、公允价值计量的,应当保证所确定的会计要素金额能够取得并可靠计量。"

2. 各类会计计量属性的特点及其适用环境

以下就各准则制定机构所涉及的会计计量属性的内容及特点进行详细比较和分析:

(1)历史成本。历史成本计价是以企业持续经营为前提的会计计量方法。该价格是指经济事项实际发生的全部支出,或取得资源的原始交易价格。历史成本计价是寻求不断变化的环境下以常态的形式记录会计事项的方法。

历史成本计价法的优势在于:第一,历史成本的计量可靠性高,因为历史成本的计量依据的是交易主体的实际交易,所发生的交易以双方自愿为原则,交易额以双方承认为原则,因而非常客观、可靠;第二,历史成本计价方便可行,实际数据容易取得,只需要按照其交易的原始凭证记录即可,可操作性强;第三,历史成本信息与传统的配比观念一致,收益决定比较简单,计量理论与实践也非常丰富;第四,如果市场价格发生重大变化,历史成本虽不能反映市价变化,但是可以通过表外披露的方式弥补历史成本计量的不足。

但是历史成本计价也存在一些不足,主要表现在三个方面:①当市价发生波动时,基于各个交易时点的历史成本代表不同的价值量,严格而言,它们没有直接的可比性;②如果当期物价变动,当期的费用支出仍按照历史成本计量,而收入以现行价格计量,那么收入与费用难以配比;③在价格上涨时,费用如果按历史成本计量,则无法区分企业管理当局的真正经营业绩和价格变动所导致的持产利得,也无法有效地保全资本;④当价格上涨时,以历史成本计价的期末资产负债表中,除了货币项目之外,所有非货币资产和负债都会低估,这样就降低了会计信息的决策相关性。

(2)现行成本。现行成本又可称为"重置成本"(Replacement Cost)或现时投入成本(Current Input Cost),它通常反映现时重置或重建所持资产的金额。以下方法都可以看成是采用现行成本计量的,实际上现行成本的计量形式也可以是多种多样的,具体表现在以下方面:

1)现行成本可以代表重新购置同类新资产的现时市场价格。

2)现行成本可以代表重新购置同类新资产的现时市场价格或扣减持有资产已使用年限的累积折旧。

3)现行成本可以代表重新购置具有相同生产能力的资产的市值。

4)现行成本可以代表重新购置或制造同类资产的成本。

5)现行成本可以代表重新生产或制造同类资产的成本减去持有资产的累积折旧。

除非在原始交易日,现行成本与历史成本代表相等的数量,否则两者代表不同的数量。即使市场价格没有波动,资产的现行成本也不可能等同于其历史成本。因为对资产的预期和供求关系都可能发生变动，使得重置成本与历史成本不等，而且技术进步和生产成本变动也可能造成历史成本和现时成本脱节。

现行成本属性的主要优点表现在四个方面：①最主要的优点就是能在实物资本保全的前提下，避免价格变动导致的虚计收益，能确切反映企业维持再生产能力所必需的生产耗费的补偿；②期末财务报表提供以重置成本为基础的现时信息，可以反映现时的财务状况，而不是过去的历史信息；③现行成本与现行收入配比更具有逻辑上的一致性，可以增加相同会计期间的收入与费用配比的可比较性和可靠性；④便于企业区分营业收益与持产利得，有助于正确评价企业管理当局的经营水平和管理业绩。

但是现行成本也存在缺点，主要表现在四个方面：①现行成本计量的形式可以是多种多样的，现行成本的含义本来就不够明确，由于技术进步导致的产品更新换代，或是币值变动等各种因素的影响，现实中很难存在与原来持有的资产完全一致的重置成本；②现行成本的可靠性下降，因为在有的计算中还是离不开主观判断，特别是在缺乏有效证据的情况下，现行成本的可靠性将受到影响；③如果币值波动，重置成本与持产的历史成本之间还是缺乏可比性；④如果将"持产损益"列示到收益表中，则无法解释资本保全，不能保证已消耗的生产能力得到补偿和更新。

尽管现行成本存在诸多缺点，但是，按现行成本计量能够保证会计收益与经济收益趋于一致，这一特点决定了现行成本计量属性仍是最合理的通货膨胀会计模式。

（3）现行市价。现行市价又被称为"脱手价值"（Exit Value），它主要指"资产在正常清理条件下的变现价值或现时现金等值"。过去的交易价格与企业现时的经营决策相关性不强，而未来的交易价格又具有太大的不确定性，因此，现时的企业在正常清理条件下的变现价值与企业现时的经营决策最为相关。如果将现行市价作为计量属性，那么变现价值应当是等于市场价格扣除相关的交易费用，这个市场价格与现行成本反映的市场价格不同，现行成本反映的是购买价格，而现行市价反映的是销售价格。

以现行市价作为计量属性，那么全部资产和负债都应该按照他们的变现价值重新估计，经营收益由两部分组成：一部分为本期销售收入；另一部分为本期持产利得。会计期末在确认本期销售收入和费用的同时，如有价格变动则将持产利得和损失当即按照现时的脱手价予以确认。换言之，以现行市价作为计量属性，就意味着收入的实现原则被全部放弃。

现行市价计量属性的优点在于：第一，现行市价表示的是现时市场中的脱手价，反映了企业持有这项资产的机会成本，更有利于企业管理当局做出是否继续持有、继续经营或是停产出售等相关决策；第二，现行市价计量，不仅有利于企业管理当局比较继续持有还是出售资产，而且有利于企业所有者更好地评估企业管理当局的经管责任；第三，现行市价可以提供变现价值，有助于企业科学地评估企业面临的风险，评价企业的财务应变能力；第四，采用现行市价计量时，资产按照现时的价格计量，那么资产的跨期摊配就没有必要了，这样就避免了费用分配上的主观任意性，所以它比历史成本和未来价格更能实现可靠性与相关性的配合。

现行市价计量属性的缺点在于：第一，它无法反映企业预期使用资产的价值，不是所有的资产、负债都有变现价值（例如无形资产或专用设备等）；第二，现行市价计量不能消除通货膨胀所带来的影响；第三，现行市价计量违背了持续经营假设，主观上假定企业随时处于清算状态，故而通常只适合于短期证券等特殊项目的计量。

（4）可实现净值。可实现净值又被称为预期脱手价值（Expected Exit Value），可实现净值是指资产在正常营运当中可望带来的非贴现的未来现金流入或未来现金流出（应包括费用扣除），货币的时间价值则不予考虑。例如，应收账款按照应收账款总额扣除合理坏账损失后的未来可实现净值列示，应付账款按照未来的清偿价值计算。可实现净值与现行市价有类似的地方，它们都反映的是脱手价，但是可实现净值反映的是未来的脱手价，而现行市价反映的是当期的脱手价。假如一项已完工产品需要在当期出售，那么它的可实现净值和现行市价是一致的；但是假设某一项在制品在出售前还需要继续加工，那么可实现净值反映的是完工后的销售所得现金流入扣除继续加工的费用，而现行市价反映的是在制品即时处置所获得的现金流入。

可实现净值的优点在于其充分体现了稳健性原则，能反映预期的变现能力，因此，更具有决策相关性。缺点是它认为期末利润是期初资产和期末资产的差额，否认了传统意义上的收入确认原则和配比原则，所以，可实现净值的计量只适合于预定期间将完成的交易，如计划销售的资产或未来清偿既定金额的负债，在流动资产的计价中经常采用，可实现净值计价方法并不适合于全部资产。

（5）现值、公允价值。现值计价指的是将未来的现金流量在考虑货币时间价值的基础上加以折现，折算成现在的价值。因此，现值只是未来现金流量与贴现率的计算产物，不同的未来现金流量估计与不同的贴现率估计可以计算出不同的现值结果，以现实价格对某些非流动资产项目的计价。例如，对投资期限较长的非流动资产投资项目计价，最大的问题是如何计量投资期限长所带来的风险和不确定性，对此，运用现值计价可以较真实地反映该项投资的价值。确切地说，现值不能单独作为一项计量属性，因为现值不能应用于初始计量，但是现值技术却可以推算出无法观测到的、直接由市场决定的一种计量属性——公允价值，它可以作为一种摊配方法存在。

公允价值指的是一项资产或负债在自愿的双方之间，在现行的交易当中，不按强迫或清算销售所达成的购买、销售或结算的金额。公允价值计量的目标就是在缺少真实交易（Absence of an Actual Transaction）的情况下为资产和负债估值，估计资产和负债的公允价值所应用的估值技术有三种：市场法、收益法和成本法。市场法主要指将应用市场上的真实交易中可以观测到的资产或负债的价格或是类似可比的资产或负债的交易价格作为公允价格。收益法则是应用一些估值技术，例如现值法或是期权定价模型等将未来的现金流量转换成为一个贴现值作为公允价值。成本法则是将重置成本作为公允价值的估计值。

FASB 和 IASB 都强调在估计公允价值时，最优先应用的应该是市场价格。IAS39 中（国际会计准则第 39 号）就把市场价格（活跃在市场上的公开标价）作为公允价值的首选标准，FASB 还将公允价值的估计值分为三个层次：首先，是相同资产或负债在活跃市场上的交易价格，以这个交易价格作为公允价值估值被认为是可靠性最高的。但是应用的前提是，这个市场应当是活跃交易的市场，市场交易者进入和退出市场没有任何障碍，所有的交易者都应当是理性的，所有交易都必须是交易者自愿达成的。其次，是同类资产或负债在活跃市场上的交易价格。当无法取得估值对象在活跃市场上的交易价格时，只有采用同类或类似资产或负债在活跃市场上的交易价格来估计公允价格，对于同类或类似资产与估值对象之间存在的差异应当做出合理的调整，这个调整应当是客观的。最后，应用其他估值技术来估计公允价值，即收益法、成本法。

按照 FASB 的财务会计概念公告第七号的说明，现值和公允价值的关系可以概括为以下四点：

第一，现值是未来现金流量和折现率的结合，未来现金流量是个估计值，折现率也是个估计值，这样计算得出来的现值不可能和每个决策都相关。而一个符合确认标准的计量属性应当是不仅具有可计量性，还具有相关性。所以，现值仅仅是表达某种计量属性的手段，而不是计量属性本身。

第二，现值要成为某种计量属性，就必须能够反映被计量的资产或负债的某些可观察的计量要求；而且交易双方是持续经营的，交易金额是双方自愿的交易所形成的，这样，现值就变成了公允价值。人们在初始计量时运用现值只不过是一种假象。实际上是通过现值计算来寻找公允价值，并以这个公允价值作为初始计量的计量属性。一旦初始计量采用公允价值，其后续计量所用的公允价值必须重新开始计算。

第三，通过现值运算，应当能捕捉到构成公允价值的各项要素，并能确认这些不同的要素所导致的不同类型的未来现金流差异。具体而言，这些要素包括：①对一系列未来现金流量按其发生的不同时期估计；②对这些现金流量的金额，与时间安排的可能变量的预期；③用无风险利率表示的货币时间价值；④内含于资产或负债中的价格上的不确定性；⑤其他难以识别的因素。

第四，运用现值技术估计公允价值时应当遵循以下一般性原则：①在可能的范围内，对未来现金流量的估计应当反映未来事项和不确定性的假设，这些假设是市场参与者在决定是否通过"一项公允的现金交易"去取得一项或一组资产时必须考虑的。②用于现金流量的折现率的内含假设，应当同估计现金流量时所内含的假设相一致。否则，一项假设的影响将被重新考虑或者被忽略。③现金流量与利率的估计应当中立而无偏见，被估计的资产、负债或一组资产或负债总会有无关的干扰因素影响客观估计，我们要摆脱这些因素的影响，否则，计量将不可能公正。例如，为了表示一项资产表面上的未来盈利能力，故意压低所估计的净现金流量就是计量中的偏见。④估计的现金流量或利率，应反映一系列可能的结果（即考虑到每一个估计数及其出现的概率）而不是单一的、最可能的、最小或最大的可能金额（这是针对估计现金流量的传统法而言的）。

现值计量还可以用于负债的计量。对于债权人而言，来自一笔贷款的收入就是债权人将未来现金流（入）量的承诺作为一项资产而付出的代价，那么应付债券的公允价值就是该债权在市场上作为资产交易的价格，这时使用现值技术去评估该债权的公允价值，可以把它转换为资产的估计。但使用现值技术计量负债时，不同于计量资产的特点是必须反映借款人的信用状况。信用的好坏决定借款利率的高低。对于负债企业而言，负债意味着未来的现金流出，现金流出量大时负债企业违约可能性大，现金流出量小时负债企业违约可能性小，那么利用现值计算可以将企业的信用状况反映在预期现金流量的折现中。

（二）会计计量单位

计量单位是指计量尺度的度量单位。计量单位可以是只、个、吨等，也可以是美元、英镑等。在以货易货交易的时代，没有产生货币也就没有货币计量。商品经济产生之后，货币逐渐成为交易的媒介，货币替代了其他计量单位成为标准计量尺度，继而在会计计量中产生了"货币计量"基本假设。货币作为一种计量尺度，就必须保持自身度量上的一贯性，货币本身应当单位统一、可比，并在不同的时期保持稳定。货币的度量单位就是它的购买力，在现实商品社会中，货币的购买力会因为货币发行量的大小、所交易商品的稀缺性变化（例如农产品供应就有丰年和歉收年的差异）等因素而发生变动，这就使得财务会计的计量不能只引用单一的计量单位，理论上就有两种形式的货币单位可供选择：名义货币单位和一般购买力。

1. 名义货币单位

名义货币或称为"面值货币"，指的是各国主要流通货币的法定单位，如美国的美元、欧元区的欧元、中国的人民币等。名义货币单位的购买力在一定时期内是会发生变动的，所以又被称为变动的货币单位。

目前，世界上绝大多数国家的会计实务都普遍采用名义货币单位作为会计计量的量度单位。做出这样的选择主要是基于"币值稳定"的假设：一方面，正常的经济环境下，不同时期的货币购买力变动不大，财务会计可以忽略购买力的变动，会计计量全都采用法定的货币单位，这样编制出来的财务报表，比用其他计量单位，如一般购买力单位或商品单位（如黄金的单位盎司）等，更为简便也更为可靠。另一方面，经济波动是有周期性的，购买力的上升和下降可以相互抵消，在一定时期内，名义货币单位相对而言还是比较稳定的。所以，长期以来，在传统的会计计量中名义货币单位得以广泛应用。

2. 一般购买力单位

一般购买力单位又被称为"不变货币单位"或"固定的货币单位"，它是以各国货币的一般购买力或实际交换比率作为计量单位。不同时期的货币购买力会因为各种因素的影响而发生波动，以一般购买力单位作为货币计量单位，就是以一定时日的货币购买力（以一般物价指数近似地表示）调整或折算不同时期的名义货币单位，从而使得不同时期的货币保持在不变的计量基础上。

一般物价指数反映的是范围广泛的商品综合价格的变动情况，即一般物价水平变动或购买力水平变动。一般物价指数可以表示为某一时日的一组商品和服务的平均价格水平相对于另一特定时日的同类商品和服务的平均价格水平的比率。

（三）会计计量模式

1. 会计计量模式的组合

美国会计学家莫里斯·穆尼茨（Maurice Moonitz）在《会计基本假设》一书中提出的会计计量特点逐渐得到越来越广泛的认同，他指出："会计计量有三点条件：一是时间因素；二是数量因素；三是单位因素。"简而言之，就是在适当的时候，以特定的单位做出的数量表示。美国财务会计准则委员会在关于概念结构研究的一份讨论稿《财务报表的要素及其计量》一文中指出："会计计量就是要解决何种属性应予以计量以及采用什么单位进行计量。"所谓会计计量，也就是根据具体经济环境和信息使用者需求，正确地确定恰当的计量属性与计量单位的组合，即确定恰当的计量模式。

虽然说计量模式可以形成十种组合，但是，只有以下五种模式在现实中独立存在并应用，具体如下：

（1）历史成本/名义货币单位会计计量模式。这是世界各国会计实务中普遍采用的计量模式。通常在物价变动不是很明显的情况下，这种模式比较有效；但是，当物价水平发生显著变动时，这种模式就不太适应了。

（2）历史成本/一般购买力货币单位会计计量模式，这是一种试图在计量单位上消除物价变动因素的计量模式。在这种情况下，日常的会计计量与第一种模式相同，只是在编制报表时，将在历史成本/名义货币单位下编制的会计报表换算成为一般购买力货币单位，以便使不同时期的会计信息具有可比性。

（3）现行成本/名义货币单位会计计量模式，这是一种试图从计量属性上来解决物价变动所带来的影响的计量模式。所有的会计计量都以现行成本计量属性作为计量基础，但不改变名义货币单位，此模式考虑了个别物价的变动，但没有考虑一般物价水平的变化，主张采用这一模式的理由是一般物价水平的升降对各个企业的影响并不相同。对某个具体企业而言，大家更关注其持有资产的现时价格，该模式增加了报表的可分析性，理论上较为合理，所提供的信息相关性更强，但是其缺点是主观性强，难以验证，而且应用及管理困难。

（4）现行成本/一般购买力货币单位会计计量模式。这是试图从计量属性和计量单位两个方面来消除物价变动的影响。日常处理中采用现行成本计量，然后对以现行成本为基础的财务报表按照一般购买力货币单位进行换算，最后得出以一般购买力货币单位为计量单位的财务报告。此模式所花费的信息搜集加工成本较大，同样是主观性较强，可行性不强。

（5）现行市价/名义货币单位模式。这种计量模式是以现行市价为计量属性，以名义货币单位作为计量单位的模式。这里的现行市价可以认为是公允价值。

2.会计计量模式的选择

（1）计量模式的选择与会计信息使用者的决策需求相关。不同的决策者所需要的与决策相关的信息不同。对于所有者而言，采用历史成本/名义货币单位计量模式，有利于考核管理者的经管责任，因为这一模式客观可靠，主观随意性低，而且易于操作，企业管理当局也乐于提供这类信息。但是，当企业面临与未来的风险和不确定性相关的投资决策时，企业的所有者和债权人更需要的是可以用来评估未来现金流量、时间分布和不确定性等方面的信息。而对于一般社会公众而言，他们需要的是企业的生产经营活动对社会环境造成的影响等方面的信息。基于不同决策者的不同决策需求，计量模式的选择自然就各不相同。不同的决策者重点关注的项目不同，所以不同的项目采用不同的计量模式，这就导致了资产负债表中以历史成本/名义货币模式为主，同时以现时成本、重置成本、可实现净值及未来现金流 M 现值等诸多计量属性作为辅助的混合计量模式。

（2）计量模式的选择是企业利益集团博弈的结果。企业的利益集团包括企业的所有者、企业的债权人、银行、政府机构、员工，等等，不同的利益集团有不同的决策需求，虽然可以有多种会计模式组合的备选方案可供选择，但是，最终的会计计量模式的确定只能是其中的一种组合。计量模式的选择范围首先受到会计准则的制约，计量模式的选择只能是在会计准则许可的范围内进行选择；计量模式的选择受到会计准则的制约，而会计准则的制定是有经济后果的，计量模式的选择也会影响经济利益在不同利益集团之间的分配，因此，最终的计量模式选择是一个折衷的结果而不一定是最优的结果，这个结果取决于各利益集团的谈判能力。在不同的政治经济环境中，计量模式的决定是不一样的，通常在成文法国家，政府对计量模式选择的影响力大于判例法国家。

（3）计量模式的选择与会计主体所依赖的外部经济环境相关。会计主体所依赖的外部经济环境主要是指外部的物价变动幅度、币值稳定情况、市场交易是否理性、市场交易的复杂程度，等等。如果币值比较稳定、物价波动幅度不大、市场交易比较平稳、市场交易的复杂程度较低时，那么采用历史成本/名义货币单位这种传统计量模式还是比较合适的，因为采用其他的计量模式将导致更高的计量成本，这个计量成本将会抵消或超过采用其他计量模式所产生的收益。

（4）计量模式的选择与信息加工的成本密切相关。信息技术的高速发展降低了信息搜集和加工的成本，促进了多重会计计量模式的应用。在传统环境下，会计信息的记录均由手工完成，会计信息搜集加工的成本非常高，虽然理论上可以不必拘泥于传统的计量模式，根据不同的决策需求采用多种方式应用不同计量模式，但是高昂的会计信息搜集加工成本阻碍了其他计量模式的应用。目前，随着计算机技术的不断发展和广泛应用，会计信息搜集加工的成本越来越低，信息搜集的内容也越来越丰富，在会计信息系统内不仅可以记录货币化信息，还可以记录交易的时间、交易的数量等非货币化信息。因此，计算机技术的发展和应用为非传统会计计量模式的应用提供了可能性。

三、会计确认计量的原则及其发展

（一）会计确认计量的原则

1. 会计确认计量的基本原则

会计确认与计量的关系非常紧密，确认的标准之一就是能够可靠计量，否则不予在表内列示。不仅如此，会计实务中在记录交易和事项的时候，既要确定借贷所涉及的科目，又要确定金额，确认和计量是难以分割的。因此，我们把确认和计量的原则一并讨论说明。

确认计量原则是用于指导会计事项的确认和计量的一般性方法，会计原则来自会计实务的经验及惯例，也同时是会计实务的理论升华，但是关于会计原则应当包含的内容，中外学者莫衷一是，尚未达成统一的认识。FASB 在概念公告第 5 号《企业财务报表的确认和计量》中定义了确认并建立了确认的四个标准的同时，还规定了收益的两个确认原则：一是在实现或者可以实现时确认；二是在赚取时确认。我国财政部在 1992 年公布的企业会计准则中并没有明确提出会计要素的确认标准，只是规定了几个基本原则："权责发生制、配比、历史成本、划分资本性支出与收益性支出等。"我国财政部于 2006 年 2 月 15 日发布的新会计准则没有关于会计确认原则的专门论述，但在基本准则中做了原则性的规定。我们认为，会计确认计量所涉及的原则可以分为基本原则和补充原则两个部分，基本原则应当包括以下方面：

第一，权责发生制原则，既是会计确认的基础和时间标准，也是会计确认需要遵循的原则，它以权利和责任发生的时点确认交易与事项，并将其影响归纳到受到影响的会计要素中去。

第二，配比原则，是指将一个会计期间的收入和为产生这些收入所发生的费用进行比较，从而计算出当期损益。比如，会计的应计和递延项目的账务处理方法，就是在会计分期假设、权责发生制和配比原则的基础上产生的，它恰当地将收入和为产生这些收入而发生的费用相配比，使会计信息所反映的期间经营成果更加合理，避免了收益的大幅波动，因而也更容易被理解和接受。

配比原则应当包括三层含义：①因果配比，是指一定时期的收入与为取得该项收入所发生的费用之间存在因果关系，两者比较可计算出企业经营业务终了时总的财务成果；②期间配比，从会计分期角度来看，每期的收入应与每期产生这些收入所发生的费用相配比，从而计算出每期的财务成果；③从计量属性来看，计量属性也应当相互配比。例如，当期的收入如果采用现行市价而与之配比的费用采用历史成本的话，则违背了配比原则，但实际上会计报表是多种计量模式混合的报表，并不能完全体现这种属性的配比。

第三，历史成本原则。又称实际成本原则，是指对企业的各项财产按取得时的实际成本计价，即按取得该项财产物资时所实际支付的货币总额计价，而且，一般而言除非国家法律、法规或国家统一的会计制度有特别的规定外，即使物价发生变动，也不得调整其账面价值。所以，历史成本原则也称作实际成本原则或原始成本原则。

根据历史成本原则，资产的取得、耗费和转换，必须以交易时发生的实际价格计量，而不考虑随后的市场价格变动情况。外购的资产按照交易价格计量，产品按实际生产成本计量，对于个别财产物资，由于无法得知其原始成本（如盘盈）时，可以按重置成本计价。

但是历史成本原则是建立在持续经营、币值稳定的假设之下的，当物价发生较大变动的时候，历史成本原则不能反映出企业资产的现值。因为在这种情况下，历史成本用于资产的计量可能导致错误的决策。物价发生变动，历史成本原则所表现的"客观性"反映的只是历史，对于现时的资产价值而言没有较大的意义，换言之就是会计信息的相关性下降。物价大幅变动所导致的资产低估或高估，将会给投资人、企业管理者造成决策困难，甚至导致决策失误。历史成本原则以企业持续经营假设为前提，并不适合清算环境的确认和计量。如果企业实施清算，一切资产只能按清算价格计量。

虽然说历史成本计价原则存在诸多缺陷，但是，历史成本可靠性和真实性是不容置疑的。因此，为了总体上实现会计目标，历史成本为主、其他计量属性为辅已成为现行会计实务的基本格局。

第四，划分收益性支出与资本性支出的原则。在会计核算中划分资本性支出和收益性支出，就是为了在会计核算中将这两类费用区别处理：将收益性支出计入当期损益，列示于利润表中，正确地反映企业当期的经营成果；将资本性支出作为资产反映，列示于资产负债表中，真实地反映企业在某一时点的财务状况。

收益性支出是指为了取得当期的收益而发生的支出，它从当期已实现的收入中得到补偿，例如当期的工人工资、水电费、租金等。资本性支出是指为了取得当期及今后若干个会计期间的收益而发生的支出，其受益期间是跨越几个会计期间的，这部分支出形成企业资产的价值，例如购置固定资产、无形资产等。总而言之，凡为取得本会计期间的收入而发生的支出，应当作为收益性支出，收益性支出应直接计入当期损益；凡为取得本期及以后几个会计期间的收入而发生的支出，应当作为资本性支出，资本性支出不能在支出的当期全部作为费用处理，应在其后受益的若干个会计期间按照一定的方法分摊，逐步转换为其后受益的若干会计期间的费用。例如，根据以上定义，固定资产购置应属于资本性支出，固定资产购置费用应通过每月计提折旧费用，分摊到它所受益的所有会计期间去。再比如，企业为销售而购进一批商品，在购进时其支出形成库存商品（存货）的价值，列作资产。但到会计期末，已售出的部分就是收益性支出，作费用处理（结转已售商品成本），未售出的部分仍是资产，其原始支出仍属资本性支出。

划分收益性支出与资本性支出，其目的是为了正确地反映企业的财务状况和经营成果，以便会计核算所提供的信息能满足各方决策的需要。如果将收益性支出列作资本性支出，就会减少当期的成本费用，虚增当期收益（这也是会计造假常用的手段之一），增加企业当期所得税负担；反之将资本性支出列作收益性支出，则会增加当期的成本费用，虚减当期收益，少缴所得税费用。但是在划分收益性支出和资本性支出的时候也应当考虑到，对于那些数额较少或单位价值较低，虽然其支出的效益涉及多个会计期间的支出，根据重要性原则，也可以简化核算程序和方法，作为收益性支出处理。

第五，实现原则。实现原则主要是用于决定何时确认收入的，如果当期的收入或利得已经实现或是可以实现，就在当期予以确认，或者当期的收入已经赚得，就在当期予以确认。例如，通常情况下，收入确认时点为公司将商品或服务交付给客户时，不管是否收到现金，都应当确认为当期的收入。但是在特殊情况下，如果需要确认跨越几个会计期间的收入如长期建筑工程，或是确认分期付款销售收入时，就应当采用特殊的办法，例如按工程进度百分比法以及分期实现销售收入法来确认本期收入。

2. 会计确认计量的补充原则

补充修正原则是对以上所列的一般原则的修正与补充，这些补充原则的应用可以提高一般原则的适应性，正确使用一般原则及其补充原则，可以提高会计信息质量。补充原则主要包括谨慎原则、重要性原则和实质重于形式原则。

（1）谨慎原则。谨慎原则也称稳健性原则、保守主义原则，也就是指某项经济业务有几种处理方法可供选择时，应当选用对企业净利产生有利影响最小的那种方法，在处理会计业务时确认一切可能的损失，避免预计任何可能的利润；不高估资产，也不低估负债。具体而言，对资产的计价，当有两种价格可供选择时，就应选用较低的价格入账；如果是负债，则相反，所有者权益也要较少列示。同样，假使有可能发生某种损失，应当在本期内予以确认；但如果有可能获得收入或利得，则宁可不计或少计。

谨慎原则主要应用于三个方面：①固定资产折旧应尽可能提高折旧率或采用加速折旧法，从而将固定资产投资尽快收回来，避免物价上涨对企业造成损失，使固定资产有及时更新的资金；②充分估计坏账产生的可能性，计提足够的坏账准备，以应付可能带来的损失；③对存货的计价，应采用"成本与市价孰低"规则，在期末计算销货成本时，按存货成本与市价中较低的一个来计量，充分估计存货价格变动所带来的损失。

但是，对谨慎性原则的采用，本身就应该是谨慎的，因为其合理性、科学性已经引起了人们的怀疑。过去，会计师主要为银行家及企业的短期债权人编制报表，不高估资产不低估负债的做法有利于保障债权人的安全，会计师也可以借此避免诉讼风险。但是，随着企业规模的扩大，会计报表的使用者范围也随之扩大，投资者也成为会计报表的主要使用者之一，谨慎性原则的应用，导致对损益表报告失实，使得股东可能以低于企业价值的价格出售证券，谨慎原则的应用可能损害投资者的利益，而且谨慎原则的应用也违背了配比原则和可比性原则。

（2）重要性原则。重要性原则是指在会计记账过程中，对所发生的经济业务采用哪种会计处理方法和程序，要取决于会计信息的重要性。所谓重要性是指该信息对决策者的影响程度的大小。对于重要的、能够影响信息使用者决策的会计信息，必须在财务报表中予以充分反映；对于那些相对次要的会计信息，在不影响信息客观真实的情况下，可适当简化核算手续，采用较简便的会计处理方法进行处理，将其合并反映；如果某一信息达不到重要性的水平，或汇总起来仍达不到重要性水平的项目，就无需确认。这样，以便使会计信息使用者对公司的经营状况和未来前景能够做出正确的评价和决策。

判断一项信息是否具有重要性，可就其性质和数量两个方面加以衡量：①性质方面，当某一会计信息对决策人的决策会产生重大影响时，则该信息具有重要性；②数量方面，当某一会计信息的数量达到一定标准会对决策产生重大影响时，则该信息具有重要性。在运用该原则时还应注意到，数量标准的确立与企业的规模、企业的性质有关，不同的企业规模、不同的企业性质，其重要性数量标准有很大差异。重要性原则的应用不仅有利于节约信息加工成本，而且可以避免信息过载，防止信息使用者淹没在信息的海洋之中。

（3）实质重于形式原则。实质重于形式原则要求企业应当按照交易或事项的经济实质反映交易与事项，而不必仅仅依照其法律形式作为会计核算的依据。在经济活动中，有些交易或事项所表现出来的法律形式能够完全真实地反映其实质，但有时正好相反，特别是在出于某种目的的人为作用，法律形式往往会掩盖经济事实，此时按照法律形式与按照经济实质去处理交易与事项，就会获得不同的结果，此时应当依据交易与事项的经济实质进行会计处理。这种实质重于形式原则体现在会计确认的诸多方面，如果运用不当，就会造成高估或低估企业的相关会计要素；如果一味简单地按照交易或事项的法律形式来进行会计确认，甚至严重歪曲事实，就会造成重大会计差错，形成虚假的会计信息而误导会计信息的使用者。

（二）会计确认计量原则的应用发展

随着市场经济的不断发展，企业的经济活动变得越来越复杂。为了适应日趋激烈的市场竞争，维持企业的生存与发展，企业必须不断进行创新。因此，一些新的交易形式逐渐产生出来，例如在信用交易的基础上产生了分期付款交易形式，法律形式与经济实质背离的融资租赁、售后租回等，种种交易创新层出不穷。不仅如此，在传统金融基础上的许多金融创新也不断产生出来，例如，金融远期、金融期货、金融期权、金融互换等，这些金融创新从根本上冲击了现有的确认计量原则。

传统会计模式的建立是基于交易观的，即实际的交易发生之后，按照历史成本原则记录交易，并按权责发生制原则、实现原则、配比原则确认收入、费用、成本及利润，将其对会计要素的影响记录到应归属的会计期间。而对于事项的记录及报告是非常有限的，更多的时候，稳健主义和可靠性思维导致了会计信息的相关性下降。随着市场交易复杂程度的提高，金融创新不断出现，会计报表的表外业务和表外项目不断增加，使得会计报表内的确认计量不能充分披露有用的会计信息，不能有效满足会计信息使用者的未来决策需要，无法充分反映企业未来所面临的风险及机遇。例如，对于衍生金融工具如期权期货等，它是待实现的远期合约，合约签订时双方只是拥有了某种权利或是承担了某种义务，由于存在杠杆作用，签约时只需要缴纳较少的保证金（例如10%甚至更少），合约中所包含的交易发生在未来，未来的交易存在极大的风险和极大的不确定性。合约中所包含的交易尚未发生，如果按照实现原则就不能确认，按照历史成本原则也无法计量，衍生金融工具所形成的金融资产和金融负债就无法及时在表内反映，这种会计处理将严重影响会计信息的质量。

对于大多数会计要素项目的确认计量而言，权责发生制原则、配比原则和历史成本原则、划分收益性支出和资本性支出、实现原则这些基本原则在今后相当长的一段时期还应当继续坚持，但是为了充分反映某些企业所面临的巨大风险和不确定性，应当以发展的眼光灵活地应用这些原则，对于某些会计要素的特别项目，这些基本原则应当结合其他补充原则一起应用，并且适当的时候，其他补充原则可能替代基本原则的主导地位，成为会计报表要素项目确认计量的主要依据，具体内容如下：

（1）对于某些特别项目运用及时性原则对基本原则进行补充修正。例如对于衍生金融工具，应当在其合约签订、金融资产和金融负债形成之时及时确认计量，而且，还必须在合同签订直至合同交易完成期间，及时对金融资产和金融负债进行再确认和终止确认，为了充分反映其风险及不确定性，应当在资产负债表日和持有期间，按照公允价值计量并报告。

（2）对于某些特别项目充分运用全面性和重要性原则对基本原则进行补充修正。根据全面性原则和重要性原则，企业应当全面报告经营成果、财务状况以及现金流量，并应当区别会计事项的重要性程度，采用不同的会计核算方法。例如为了全面反映所持有的金融衍生工具的价值及风险，就应当按照持有金融衍生工具的目的进行不同的会计处理：对于为了套期保值而持有的金融衍生工具所产生的相关损益，应当按照套期保值会计核算方法处理，不一定直接计入当期损益；对于为了投机而持有的衍生金融工具所产生的损益，应当根据公允价值的变动直接确认为当期的损益。对于企业所持有的衍生金融工具，当其数量上发生改变，使得持有的目的实质上已经从以风险对冲、套期保值为目的转向以投机为目的，那么损益确认的方式也应当改变。

（3）谨慎性原则与充分披露原则相结合对基本原则的补充修正。由于企业所面临的市场竞争日趋激烈，风险也在不断增加。因此，企业在确认计量时必须遵循谨慎性原则，但是企业在不高估资产不低估负债的同时，也不能违背充分披露原则与可靠性原则。当面临重大不确定性的交易及事项的时候，可以结合数学的、统计的、信息工程的方法来辅助会计职业判断，恰当估计交易与事项发生的可能性，并以此为依据判断其是表内确认还是表外披露，何时确认以及如何确认。

因此，在运用会计原则进行会计要素的确认计量的时候，应当充分注意企业生产经营的特点、企业的性质以及企业所处的经济环境，灵活应用相关的会计原则，以表内确认与表外披露相结合的方式，充分披露企业的财务状况、经营绩效以及所面临的机遇及风险。

第六章 高校会计理论应用

第一节 高校会计人员管理

人是财务管理过程中最为活跃的因素，具有会计从业资格的会计人员是高校财务管理的主体力量，是财务部门管理系统中的行为主体。高校会计人员的管理由财务部门负责，对人员管理的重大政策则由管理层制定。会计人员已从简单的信息加工者转向预测、决策、控制和评价的管理者，主体的行为将直接影响经济效果，良好的管理制度必须有良好的管理者去实施。会计人员管理包括会计人员职业素质管理、行为规范、岗位控制、会计职业风险管理及其保护等。加强财务人员的素质管理是做好财务管理工作的基础，规范会计行为是财务管理绩效和财务信息质量的保障，强化会计人员职业风险管理和保护是日常管理的前提。

一、高校会计人员的职业素质管理

加强对会计人员的职业素质管理特别重要，这将影响整个财务管理的效果。制度设计和管理得当可以增加经济效益，制度设计和管理不当则会造成经济浪费和损失，其中财务管理的水平取决于会计人员职业素质的高低。会计人员素质高，则财务管理水平较高；会计人员素质低，则财务管理水平较低。会计人员的职业素质包括专业素质和职业道德素质。专业素质即会计人员应具备的知识结构、专业技术水平、业务能力等；职业道德素质即会计人员是否自觉遵循财务会计工作的道德标准。会计人员的职业素质管理要从会计人员的专业素质、职业道德素质等方面着手，选拔优秀的财务主管，带动财务部门整体素质的提高。

（一）高校会计人员的专业素质

会计人员的专业素质将影响高校财务管理的整体水平，为保证财务管理的质量，必须对会计人员提出更高的要求。专业素质管理主要是通过明确会计人员准入条件、培养在岗会计人员的素质等措施进行的。

1. 会计人员的准入条件

现代高校财务管理需要高素质的管理人才，在录用会计人员时，应该设置一定的准入条件，但由于道德素养是通过日常行为表现出来的，面试时很难以考试的方式发现，因此，准入条件一般针对专业素质。高校会计人员的录用，一般应具有学历、专业、工作经验、年龄等方面的准入条件。

（1）学历条件。例如，本科高校培养的是本科以上的人才，一般情况下高校管理人员应该具备本科以上学历，否则管理人员的层次与高校培养的人才层次不相适应。高校会计人员是管理岗位的专业技术人员，因此，必须具备本科以上学历。

（2）专业条件。高校财务部门的主要功能为会计核算和财务管理，两者互相联系、互相渗透。核算过程包含管理内容，管理过程需要核算的数据，高校会计人员既要会核算也要懂管理。会计人员的专业要求一般为：会计专业或经济类的其他专业，但必须具备计算机应用的基本知识；系统软件管理和维护人员可以是计算机专业的，但必须具有一定的会计专业基础知识。

（3）工作经验。高校的一般会计人员只需要符合学历条件和专业条件的应届毕业生，不一定要求有工作经验。会计机构负责人或财务主管应该具备财务工作经验，如果非专业人员，则对会计机构的管理也只能是行政上的领导，难以深入到专业领域。在实际工作中，因干部轮岗的需要，部分高校会计机构负责人是从其他部门轮岗而来，不具备财务工作经验及会计从业资格。随着未来高校的发展和管理体制的改革，会计机构负责人专业化将是发展的趋势。

（4）年龄。高校会计人员录用年龄应该区别对待，如果录用年轻人，应选择高校毕业生；如果不是年轻人，则须具备技术职称和工作经验。

2. 会计人员岗前培训与业务指导

会计专业是应用型专业，新进的会计人员需要一段时间的实践和适应过程。对新进会计人员进行岗前培训和业务指导，使新进会计人员能以最快的速度胜任岗位工作，也是提高会计人员素质的有效办法。一般情况下，高校新进会计人员不是批量的，而是一次录用几个人，不适合采用培训班的形式。在管理实践中，对新进会计人员采取一对一的业务指导，即挑选业务素质好的优秀会计人员对新进人员进行"传、帮、带"，讲解工作内容和指导具体业务，一般指导 1~3 个月，新进人员基本可以独立工作。

3. 会计人员的知识结构要求

对于从事高校财务管理的会计人员而言，具备会计专业知识只是一个基础。由于会计学是具体操作的微观领域的学科，再加上会计法律法规对会计工作做出的具体约束和规范，高校会计人员如果知识结构单一，则容易形成内敛的个性。因此，一个合格的高校会计人员其知识结构应该是全面的，除了会计专业知识外，必须具备计算机、管理学、经济学、统计学等其他相关学科的基本知识，成为综合型应用人才。

（1）计算机知识。随着电算化的普及和网络时代的发展，现代高校会计核算和财务管理是通过计算机软件和网络信息来进行的，如果没有计算机方面的知识，则无法从事高校会计工作。计算机知识是除了会计学知识以外，会计人员必须具备的基本知识。

（2）管理学知识。高校财务管理需要运用管理学方面的知识，因此，会计人员必须具备一定的管理学基础知识。

（3）经济学知识。会计学是微观领域的学科，为了弥补宏观知识的不足，会计人员需要了解经济学方面的知识，把握宏观经济发展，把微观与宏观知识结合起来，才能做好高校财务管理工作。

（4）统计学知识。财务管理涉及数据分析，会计人员需要了解统计分析方法，因此，必须具备统计学的基础知识。

4. 会计人员素质的培养

高校会计人员被淘汰下岗的情况很少，要让在岗人员主动提高自己的素质，归结起来要有激励的机制、良好的环境、提高的途径。

（1）激励的机制。

1）建立尊重专业人员技术职务的机制。目前高校仍然是行政化管理体制，因此，先要建立尊重专业人员技术职务的机制。一方面高校要鼓励会计人员参加职称考试，通过考试培养学习习惯，提高业务水平；另一方面高校要尊重会计专业技术职务，在提拔行政管理职务等方面，应该把会计专业技术职务作为重要的参考因素。在同一条件下，专业技术职务的高低标志着个人付出的努力不一样，因此，应有区别地对待，以激励会计人员积极进取。

（2）建立技术学术奖励机制。为了最大限度地发挥会计人员的技术水平，提高工作效率，高校应当建立绩效考评制度，开展技术评比活动，对工作表现出色、办事效率高的会计人员给予奖励；为了激励会计人员参与学术活动，在专业论文方面，要根据发表论文的质量等级给予一定的奖励；在课题研究方面，对获奖的课题组给予一定的配套奖励金。

（2）良好的环境。环境因素对会计人员整体素质的影响非常大，良好的环境有利于会计人员整体素质的提高。良好的工作环境需要营造：一是由管理者营造；二是由会计人员自己营造。

1）管理者营造。高校各级管理者应为会计人员营造积极向上、健康进取、团结协作的良好工作环境，让会计人员全身心地投入工作和学习当中。

2）会计人员自己营造。如果工作环境比较差，可以从少部分业务骨干开始，把风气引向好的方面，逐步扩大影响力，最终从量变到质变，改变恶劣的环境，形成健康向上的良好氛围。

（3）提高的途径。学历教育或进修学习、继续教育培训是提高财务人员素质的有效途径。

1）学历教育或进修学习。高校会计人员具有其他行业会计人员无法比拟的优势条件，很多高校在本、专科或研究生阶段开设了会计或其他经济类专业，在职参加各类学历教育或进修比较方便。高校应鼓励会计人员在不影响日常工作的情况下，参加各类学历教育，或选送人员进修学习。

2）继续教育培训。会计类的专业知识更新比较快，因此，会计人员必须每年参加继续教育培训，给自己的知识进行一次"更新换代"。继续教育学习是"老会计"跟上新时代发展的有效途径。除此之外，会计人员还可以自学。

（二）高校会计人员的职业道德素质

职业道德素质是会计人员素质的重要组成部分，出色的专业素质和良好的道德素养构成了高素质的会计人才。

1. 会计人员职业道德素质的标准

《会计基础工作规范》第十七条规定："会计人员在会计工作中应当遵守职业道德，树立良好的职业品质、严谨的工作作风，严守工作纪律，努力提高工作效率和工作质量。"第十八条至第二十三条对会计人员的职业道德提出了六点具体要求，具体如下：

（1）敬业爱岗。会计人员应当热爱本职工作，努力钻研业务，使自己的知识和技能适应所从事的工作要求。

（2）熟悉法规。会计人员应当熟悉财经法律、法规、规章和国家统一会计制度，并结合会计工作进行广泛宣传。

（3）依法办事。会计人员应当按照会计法律、法规和国家统一会计制度规定的程序和要求进行会计工作，保证所提供的会计信息合法、真实、准确、及时、完整。

（4）客观公正。会计人员办理会计事务应当实事求是、客观公正。

（5）搞好服务。会计人员应当熟悉本单位的生产经营和业务管理情况，运用掌握的会计信息和会计方法，为改善单位内部管理、提高经济效益服务。

（6）保守秘密。会计人员应当保守本单位的商业秘密。除法律规定和单位领导人同意外，不能私自向外界提供或者泄露单位的会计信息。

2. 会计人员职业道德素质的培养

一个人的道德修养是通过家庭教育和社会教育逐步形成的，但在同等的教育环境下存在着个体道德修养的差异。会计人员的职业道德素质是在其选择会计作为自己的职业后逐步形成的，加强会计人员职业道德教育是培养职业道德素质最直接、有效的途径。

（三）高校财务主管的选拔及专业化管理

财务主管对会计机构及会计人员的整体素质有很大影响，因此，财务主管的选拔也是会计人员职业素质管理的重要组成部分。

1. 财务主管对会计队伍的影响

在高校财务管理实践中，财务主管对会计主流人群的影响主要有四种类型：正向引导型、不闻不问型、负面带动型、混合型。

（1）正向引导型，这种类型的财务主管一般属于高素质的人才，通过主管的榜样效应，会计人员也以成为高素质人才作为自己的努力目标，同时通过主管的业务指导使会计队伍的整体素质得到提高，从而得以产生一批高素质的会计人员。

（2）不闻不问型，这种类型的主管一般属于性格内向或自己管自己、不喜欢管别人的人。在这种情况下，会计人员或自由放任或自我发展。

（3）负面带动型，这类主管一般有自己的喜好，而且可以鼓动他人也产生与他同样的喜好，使会计主流人群出现同样的情况。

（4）混合型。混合型主管介于以上三种类型之间，属于大众化的人员，对会计群体的影响不是特别突出。

2. 财务主管的选拔条件与要求

选拔财务主管，不仅要看其专业素质和能力，还要看其对会计主流人群可能产生影响的类型。

（1）担任财务主管的条件。担任单位会计机构负责人（会计主管人员）的，除取得会计从业资格证书外，还应当具备会计师以上专业技术职务资格或者从事会计工作三年以上经历。

（2）专业素质和管理能力要求。《会计基础工作规范》第七条对财务主管的业务素质和能力作了规定："主管一个单位或者单位内一个重要方面的财务会计工作时间不少于两年""熟悉国家财经法律、法规、规章和方针、政策，掌握本行业业务管理的有关知识""有较强的组织能力"等。一般而言，财务主管的业务素质应该是会计群体中的佼佼者，具有让人信服的专业技术水平和政策水平，知识结构比较全面，具有把握全局的组织协调能力。

（3）对会计群体影响的类型选择。首先，应当选择正向引导型的财务主管，以利于会计队伍整体素质的提高，创造和形成积极向上的工作环境；其次，可选择不闻不问型的，对会计主流群体影响不大，即使没有好的影响，至少也没有坏的影响；最后，选择大众化的混合型主管。切不可选择负面带动型的主管。

3. 财务主管的专业化管理

虽然很多高校的财务主管是由专业人员担任的，但就高校整体而言，如果不改变现行的行政化管理体制，那么财务管理的专业化还有漫长的路要走。高校财务管理的专业化需要具备两个前提条件：一是现实需要，二是管理体制。

随着近年来的发展，高校外部和内部的经济环境都发生了重大的变化。外部环境中，市场经济发展逐步走向完善；内部环境中，虽然计划经济的痕迹还比较明显，但在高校与外部的交互关系中，市场经济的因素已经渗透到了高校，高校内部各种经济关系越来越复杂，特别是融资建设方面，虽然惊人的负债最终由政府出手救助和控制，但已经有了与市场的紧密接触。大规模的融资行为对专业化管理提出了要求，高校财务专业化管理的现实需要条件已基本具备。

现行的高校管理体制是行政管理体制，财务管理是高校行政管理的一部分，财务主管(或负责人)可能是行政长官,不是专业人员。虽然《会计法》第三十八条明确规定了"担任单位会计机构负责人(会计主管人员)的,除取得会计从业资格证书外,还应当具备会计师以上专业技术职务资格或从事会计工作三年以上经历",并且《高等学校总会计师管理办法》也对高校财务专业化管理进行了推动,但在现实中,高校财务专业化管理还没有得到全面的推广。会计法规对财务主管的任用条件与干部管理制度存在不一致,部分高校按照会计法的条件任用财务主管,部分高校按照干部管理制度的要求任命财务行政领导。高校财务管理专业化的体制条件还未完全具备。

高校财务管理专业化的现实需要条件虽已具备,但体制条件尚未成熟,实现财务专业化管理还需要时间。随着我国市场经济的成熟和高校改革的推进,高校财务实现专业化管理是必然的趋势。

二、高校会计人员的岗位控制

财务机构(会计机构)的内部风险主要来自两方面:一是因会计人员及会计主管业务素质低而发生的差错或失误所带来的经济风险;另一个是会计人员职业道德缺失而发生的犯罪行为所带来的经济损失。这两种风险都跟管理不善和岗位控制不严有关,但经济犯罪比起差错和失误后果更加严重,如何防范犯罪行为的发生与提高会计人员职业素质同等重要。应当对人员进行合理的岗位分工,建立会计岗位经济责任制,实行岗位轮岗制度以阻断危害行为的惯性延续,通过设置账务处理程序,使业务在不同岗位之间互相监督,最终达到控制会计行为、降低内部经济风险、防范犯罪行为发生的目的。

(一)高校会计岗位的分类与控制

1.会计岗位的分类

根据高校财务工作的特点和会计信息化要求,按性质不同可将会计岗位分为以下五类:

(1)行政或业务主管类岗位。①会计机构负责人岗位:财务处长、副处长。②会计主管岗位:业务科室科长。

(2)财务管理类岗位。①预算管理岗位:预算编制、下达、调整、控制管理。②收入管理岗位:拨款申请、核对以及合同款催收管理。③学生收费管理岗位:学生学费、住宿费、考试考务费、报名费等各类事业性收费及代办费管理。④固定资产管理岗位:固定资产入库登记、报废处理、盘点清查管理。⑤票据管理岗位:各类票据的申购、领用、核销管理。⑥档案管理岗位:会计记账凭证、账簿、其他会计资料管理。⑦财务系统管理岗位:财务系统数据库维护、数据备份管理。

(3)会计核算类岗位。①支出审核及制单岗位:原始凭证审核、录入财务电算化系统、生成记账凭证等。②会计报表岗位:年终决算报表填报、其他报表填报和财务报告撰写等。③科研项目核算岗位:科研项目原始凭证审核、录入财务电算化系统、生成记账凭证、会计账簿，科研课题结束后填制结题收支报表等。④基建项目核算岗位：基建项目原始凭证审核、录入财务电算化系统、生成记账凭证、会计账簿和会计报表等。⑤工资核算岗位：工资造册、发放或转入职工工资卡等。⑥材料核算岗位：对实验材料、教学材料、办公用品、维修材料等进行进出仓核算、盘点等。⑦往来款清算岗位：暂存暂付款和应收应付款的结算、清理和管理。

（4）资金结算类岗位。①现金出纳岗位：现金或现金支票收付。②非现金出纳岗位：转账支票、网上银行电子支票收付，收款发票填制等。

（5）稽核复核类岗位。①复核岗位：电算化流水作业中的原始凭证和记账凭证核对、付款支票核对等。②稽核岗位：所有财务管理和会计核算工作的抽查、核实。

2. 会计岗位的分离与兼容控制

岗位分工明确后，根据会计法和《会计基础规范化》的要求，对不相容岗位进行分离控制，相容岗位可以进行兼容管理。

（1）岗位分离控制。对不相容岗位进行分离，出纳人员不得兼任稽核、会计档案保管和收入、支出、费用、债权债务账目的登记工作。记账人员与经济业务事项和会计事项的审批人员、经办人员、财物保管人员的职责权限应当明确，并相互分离、相互制约。

（2）岗位兼容管理。为合理配置人员，提高工作效率，对可兼容的其他会计岗位，可以一人多岗，也可以一岗多人。比如，一人身兼预算管理、收入管理等职务；支出审核及记账凭证制单岗位，由于工作量大，可以一岗多人，安排多个人做同一岗位的工作。

（二）高校会计岗位的责任制

高校会计岗位的责任制，主要是设置每个会计岗位的职责，并对每个岗位进行年度考核，根据考核结果采取相应的奖惩措施，以达到分工明确、责任落实的控制目标，更好地发挥每个会计人员的积极性和能动性，提高工作效率和工作质量。

1. 会计岗位职责的设定

会计岗位职责是指每个会计岗位应该完成的任务及应当承担的经济责任和风险。

（1）行政或业务主管类岗位职责。

1）财务机构负责人岗位职责。财务机构负责人的岗位职责大体可归纳为以下内容，见表6-1。

表6-1 财务机构负责人岗位职责

类　别	内　容
负责会计机构工作的职责	在校长或主管财务副校长的领导下，全面负责财务机构工作，制订年度工作计划，参与学校经济决策及有关经济协议的拟订，对经济事项进行把关，当好管理层的经济参谋
财务规章制度的制定、贯彻和监督职责	贯彻执行《中华人民共和国会计法》及其他财经法律法规、规章制度，根据学校的具体情况制定学校内部财务管理制度和管理办法，督促检查学校各项财务规章制度的执行情况
预、决算工作职责	根据学校教育事业发展规划和《预算法》的要求，编制学校年度收支预算方案，初步审核学校财务预算编制情况、年终决算及报表编制情况，及时向有关部门及管理层提供财务报表和其他综合性财务资料

续表

收支管理职责	合法、合理地组织各项收入，按照勤俭的原则，节约使用预算经费，对各项支出口径及重大事项支出进行把关，提高经费使用效益
协调沟通职责	负责同财政、税务、物价、银行等机构的联络以及同校内其他部门的沟通协调工作，负责审定对外提供的会计资料，定期或不定期地向校领导汇报财务收支情况，向校内各部门通报本部门预算执行情况。做好各科室、岗位之间的协调工作，使信息上传下达
会计人员管理职责	负责会计人员职业道德教育，组织会计人员参加业务培训，为会计人员参加业务培训和自学创造条件，提高会计人员的技术水平和服务质量，实现会计管理科学化；监督检查会计人员履行职责及工作完成情况；应用现代信息技术.实现财务管理和会计核算的信息化、网络化：对本部门的会计工作，实行宏观控制和监督

2）会计主管岗位职责包括以下内容：配合会计机构负责人做好各项业务；协调科室内部各会计岗位的工作：与其他科室进行沟通，协调相关工作；起草与科室业务相关的文件，接受各类检查；承担各岗位考勤统计和会计人员继续教育管理；负责做好学校资金筹集的具体工作等。

（2）财务管理类岗位职责。

1）预算管理岗位职责。负责编制学校年度预算、预算指标分解下达和预算调整：负责预算凭证的编制、审核、录入以及各单位的经费卡（或本）的制作和管理等工作；配合财务主管做好经费支出管理和部门经费预算控制，检查各预算执行单位的预算执行情况，定期对预算执行情况进行分析；负责二级学院的收入分配管理，以及学校财政专户的上缴、返拨及账务核对工作等。

2）收入管理岗位职责。负责申请财政预算拨款，核对预算拨款进度，以及各类收入款项的催收和入账工作等。

3）学生收费管理岗位职责。办理收费标准的申报、收费许可证的变更和年检，保管好收费文件。与招生部门配合，及时获取新生名单，建立学生收费数据库，做好学生收费的入账和数据库管理工作。负责学费的收取、退回及票据打印、发放、统计、催缴以及收费软件的管理等工作；报告学生收费进展和学生欠费情况：处理学生退学、休学、转专业等情况的学费结算。负责奖学金、助学贷款等的发放；配合学生资助管理中心做好学生助学贷款的相关工作等。

4）固定资产管理岗位职责。负责审核固定资产申购的手续；办理固定资产入库登记、建账、立卡，定期进行固定资产盘点和清查，对报废资产办理报废手续并予以处理；固定资产账与实物的核对等。

5）票据管理岗位职责。负责财政和税务各类发票的申购和管理，校内领用票据的审核和登记，办理使用后的票据核销手续；负责物价、税务部门的年检、年审工作等。

6）档案管理岗位职责。负责会计记账凭证、账簿、其他会计资料的打印和装订；会计档案的整理、立卷、归档和查阅等工作；负责文件的签收、处理、装订、立卷、保管和归档工作等。

7）财务系统管理岗位职责。负责财务系统数据库软硬件运行情况的检查和维护，及时排除运行过程中发现的故障，确保系统的正常运行；根据财务软件的特点和学校的财务要求，及时对财务软件进行设置和更新；负责财务处数据及各类电子账表凭证、资料的备份，做好财务电子数据的整档、存档工作等。

（3）会计核算类岗位职责。

1）支出审核及凭证制单岗位职责。严格要求会计人员按照会计法、《会计基础工作规范》和国家及校内各项财务规章制度，办理会计核算业务；审核原始凭证、录入财务电算化系统、生成记账凭证、打印记账凭证。负责接受内部核算单位的账务查询、业务咨询等。

2）会计报表岗位职责。负责编制会计月报、年终决算报表，负责撰写财务报告和报表数据的分析工作等。

3）科研项目核算岗位职责。负责学校科研（含纵向、横向）项目经费的核算与管理，科研项目原始凭证审核、录入财务电算化系统、生成记账凭证和会计账簿；控制经费的使用和支出，查询科研经费的使用情况；科研课题结题后，负责填制结题收支报表等。

4）基建项目核算岗位职责。负责学校基建项目会计审核、录入及相关账户的处理；对基建资金的使用情况提出分析和建议；参与基建项目的招投标、工程项目的预决算工作，参与起草有关基建项目资金支出的财务规章制度等。

5）工资核算岗位职责。负责工资、奖金津贴等清册的打印，并发放或转入职工工资卡，以及个人所得税扣缴、申报及相关报表的填报等工作；职工各类社保的缴交；职工公积金的汇缴、转移、调整和支取等工作。

6）材料核算岗位职责。对实验材料、教学材料、办公用品、维修材料等进行进出仓核算；制订材料采购计划，根据材料管理办法的规定，办理出入库手续；定期和保管员进行仓库材料盘点，每月上报材料变动、消耗明细表等。

7）往来款清算岗位职责。暂存暂付款、应收应付款的结算和清理；发送债权债务核对函，及时结清学校的债权债务。

（4）资金结算类岗位职责。

1）现金出纳岗位职责。负责现金或现金支票的收付，按《现金管理暂行条例》的规定，根据复核人员打印并签章的收付凭证，办理款项收付业务；将每日收入的现金及时存入银行，每日登记现金日记账，日终现金盘点，做到日清月结；做好有价证券的保管等。

2）非现金出纳岗位职责。负责银行账号和银行支票的管理；做好转账支票、网上银行电子支票的收付工作，并及时记账；每日终了登记银行存款日记账，核对当日收付款项，随时核对银行存款余额，做到日清月结；月末及时对银行对账单进行核对，填制银行余额调节表，及时处理未达账项；负责支票的保管及收款票据填制。

（5）稽核复核类岗位职责。

1）复核岗位职责。复核电算化流水作业中的原始凭证，核对记账凭证科目和金额，核对付款支票金额和账号等。

2）稽核岗位职责。对所有财务资料进行稽核。

2. 会计岗位的考核与奖惩管理

会计岗位考核与奖惩管理是对岗位职责履行情况的评价和控制。

（1）会计技术岗位考核。一年考核一次，按"德（职业道德）、勤（出勤及敬业）、能（工作能力）、技术（专业技术水平）"等指标进行考核。考核应经过自我评价、其他工作人员评价、业务主管和机构负责人评价的程序，最后进行综合评价。

（2）奖惩。根据岗位考核情况，制定相应的奖惩办法，对于尽职尽责人员给予奖励，对不能尽责人员给予一定的惩戒。

在具体措施上，对工作表现好、岗位考核优秀的会计人员除给予一定经济上的奖励外，在职称评聘、升职等方面应予以优先考虑。对于工作表现不好、岗位考核差的会计人员，除了扣除奖金外，可以考虑轮岗到其他适合的非会计岗位。

（三）高校会计岗位的轮岗制度

为了加强高校各岗位之间的相互学习，了解和掌握每个岗位的具体业务特点，全面提高会计人员的综合素质，会计人员应在各会计岗位之间进行定期轮换，即实行轮岗制度。会计轮岗一般为2~4年轮换一次。

第一，财务机构负责人轮岗。在高校会计轮岗中，最为棘手的问题是财务机构负责人轮岗：如果财务机构负责人是财务专业人员，那么轮岗到其他部门会专业不对口；如果是非财务专业人员的其他部门负责人轮岗到财务机构，则会因为专业不熟悉，不利于高校财务机构的管理。因此，财务机构负责人由财务部门内部培养和替换，不失为一个可以权衡利弊的办法。财务机构负责人轮岗，一般三年一次，最长不应超过六年。从高校财务管理的实践看，在负责人的岗位上时间太长，人会变得麻木和惯性，即使出现经济风险也很难发觉。在岗时间越长，积累的管理漏洞和不完善问题可能越多，出现经济风险的概率也会增大。如果六年内进行岗位轮换，工作中的漏洞和风险就会因岗位的轮换而被发现或阻断，高校可以避免由此带来的经济损失和不良影响。

第二，财务主管（科级干部）轮岗。财务主管（科级干部）轮岗，可以在财务机构内部进行，也可以根据个人意愿轮岗或提升到其他部门，不再从事财务工作，但轮岗到其他部门的人员除非不是专业人员，否则对财会队伍的建设不利。为了与财务机构负责人轮岗相互协调，财务主管三年轮岗一次比较合适。

第三，一般会计人员轮岗。一般会计人员轮岗主要还是在财务机构内部进行，财务部门可供轮换的会计岗位较多，因此，一般会计人员轮岗的时间不应太长，2~3年轮岗一次比较好，可以全面了解各岗位的工作。

（四）财务岗位处理程序制度的控制

对每个财务岗位的工作事项进行排序，按预先设定的岗位程序进行财务处理，就是财务岗位处理程序制度。财务岗位处理程序制度可以更好地规范和约束各个岗位财务人员的行为，起到岗位之间互相监督和控制的作用，确保防范个人不良行为产生的制度环境。

"授权审批系统"对财务事项进行审批后，就进入"财务部门管理系统"进行财务处理，财务部门管理系统必须对内部财务岗位处理程序进行设定。财务岗位处理程序为流水作业式的操作规程，只有在前一岗位财务事项处理完毕后，后一岗位才能接着处理。在岗位处理程序中，经费预算岗位、审核和记账岗位、出纳岗位、复核岗位、实物管理岗位等不能由同一人独立完成，必须由不同的人负责，以达到明确责任、分割权力、不同岗位之间互相监督和制约的管理目标。财务岗位的处理程序一般进行如下设定：

财务软件系统管理岗位对管理系统进行科目名称及代码初始设置、对预算项目进行项目名称及代码初始设置—预算管理岗位把各项目年度预算数录入系统—会计审核岗位对原始凭证按要求进行审核（包括工资、收入、收费、各项支出、投资、固定资产增减、材料购入及领用等）—记账凭证制单岗位对审核后的原始凭证进行系统录入（制作记账凭证）—复核岗位对原始凭证和记账凭证进行复核—现金出纳岗位进行现金收付或非现金岗位进行支票转账—复核岗位核对收付情况—记账岗位进行系统记账并自动生成会计账簿—稽核岗位对整个财务处理情况进行稽核。

三、高校会计人员的职业风险管理

会计法赋予会计人员监督的使命，但会计人员又不属于执法者，而只是专业技术人员，使命与身份的差异，是会计职业特有风险的根源。首先是"依法办事、搞好服务"这一矛盾的职业道德约束；其次是会计人员行为规范的约束以及法律、法规的制裁，会计档案的最低保管期限一般为15年，在15年内发现问题还可以追溯责任。

高校会计是会计群体中一个特殊的人群。高校会计是个高风险的职业，高风险的职业需要职业保护，尤其是在环境认同度较低的高校，会计人员风险保护显得尤为重要。

（一）高校会计人员的职业风险

高校会计人员的职业风险分为内在风险和外在风险：内在风险主要是由于会计人员的专业水平、政策水平等个人素质问题而产生的风险；外在风险是社会大环境以及高校小环境对会计人员的影响而产生的风险。

1. 内在风险

内在风险来自会计人员自身，主要有经济风险和法律风险两种：

（1）经济风险。由于疏忽大意或业务不精、水平有限等技术问题，发生业务差错，导致经济损失，从而给个人和单位造成经济风险。

（2）法律风险。由于不熟悉国家财经法律法规，政策水平较低，只凭感觉或听从他人指挥做事，因盲目而发生违法违规行为，造成法律风险；或者会计人员由于受利益驱动，做出了违法行为，造成了法律风险。

2. 外在风险

外在风险来自外部环境，因此，只有在良好的社会经济环境以及遵纪守法、依法办学的高校内部环境下，会计人员的外部风险才会降到零。在不完善的经济环境下，会计人员的外部风险始终存在，归纳起来有违意风险和违法风险两类：

（1）违意风险。违意风险是指会计人员未按指使人或授意人的意图做出违反法律法规的会计事项，从而可能带来被打击报复的风险。

（2）违法风险。违法风险是指会计人员被指使或被强迫，按照指使人的要求做出违法违规的会计事项，从而可能带来被追究刑事责任的风险。

（二）高校会计人员的风险保护

高校会计人员的内在风险可以通过个人努力，逐步精通业务和掌握经济政策来化解，通过职业道德教育和法律制裁来规范。会计人员的风险主要来自外在风险，由于外在风险来自环境和他人，因此，不能通过自身努力来解决，需要改善环境，社会也应给予应有的风险保护。会计人员风险保护的主要途径有以下方面：

（1）完善会计法规。高校会计人员是普通的专业技术人员，而不是最终决策者，却担负着与之身份不相符的执法者的使命，各项财经法律、法规必须由会计人员去执行和落实，显然责权不对等，责大于权。因此，必须完善相应的会计法律，降低会计人员的法律责任，提高与权力相当的其他人员的经济法律责任。

（2）改善会计执法环境。有的高校简单地把会计人员列入服务人员的行列，将职责界定为广大教职工服务，却忽略了法律赋予会计人员执行财经法律法规的职业使命。会计人员往往处于高校经济利益冲突的风口浪尖，在学校利益、个人利益和国家利益中，按照法律、法规与自身风险进行抉择和平衡。会计依法办事的执法环境不完善，执法困难，承受的压力和风险大，很少有人同情会计人员因执法而遭遇的不公。因此，需要各方面共同努力改善执法环境，在做好服务的同时保护会计人员依法办事的权力。

（3）完善经济责任制。建立和完善校、院、系三级领导经济责任制，开展经济责任监督，降低会计风险。对新任各级领导干部进行会计法和其他财经法律法规的普及培训，了解自己的经济责任，避免违法违规行为的发生。在保护领导干部本人的同时，达到保护会计人员的目的。

（4）会计人员应加强学习和提高素质。加强学习、提高自身素质是会计人员规避内在风险的最有效办法。政策水平高，业务素质好，在工作中减少差错，主动按国家经济法律法规办事，就可以最大限度地减少经济风险，并规避违法风险。

第二节 高校成本应用

一、高校中成本会计的适用性

管理者在决定从事或放弃某些工作时，无不考虑到成本问题。成本，存在于整个人类生产活动中，也适用于非营利组织，适用于高校。针对高校中成本会计的适用性分析，主要包括以下不同观点：

第一，非营利性组织也感觉到成本和业绩的压力……所有类型的非营利组织的管理者都希望采用在私人经济中发展起来的财务管理会计程序，以满足其对成本和业绩衡量的需求。

第二，即使管理者愿花费成本另建一个内部会计系统，系统也会受到政府相关部门管制的影响，因为政府机构有权查明它认为有必要的内部资料。

第三，在服务业和非营利组织中进行成本计算，分批成本法也适用于非制造环境。

第四，辨识下面的每种成本习性模式是变动成本、约束性固定成本、酌量性固定成本、混合成本、阶梯成本中的哪种类型。

第五，将下列每一选项中的总成本划分为变动成本、固定成本、混合成本、阶梯成本：①学院的维护成本；②当学院课时变化时，支付临时教师的薪金；③研究部门的经营成本；④某部门打印机的激光打印纸。

第五，固定成本常常被划分为约束性固定成本和酌量性固定成本。约束性固定成本有时被定义为能力成本，指用来保持目前服务或生产能力、或履行法律承诺的固定成本，约束性固定成本的实例包括折旧、财产税、租金和债券的利息；酌量性固定成本有时被称为管理性固定成本，指经管理当局慎重考虑在每期列出的一个固定金额，典型的酌量性固定成本包括广告、慈善捐款、员工培训和研究开发。

由上可知，不仅成本理念适用于高校，成本的某些方法也适用于高校或高校中的某些项目。

二、高校中标准成本的应用方法

标准成本是指运用技术测定等方法制定的，在有效的经营条件下应该实现的成本，是根据"产品"的耗费标准和耗费的标准价格预先计算的"产品"成本。标准成本系统又称标准成本制度或标准成本会计，是指以标准成本为核心，通过标准成本的制定、执行、核算、控制、差异分析等一系列有机结合的环节，将成本的核算、控制、考核、分析融为一体，实现成本管理目的的一种成本管理制度。

标准成本是目标成本之一，目标成本管理是目标管理的重要组成部分，而制定目标成本是实行目标成本管理必不可少的基础。成本管理的重要职能认为，对成本加强控制要比单纯进行成本计算更为重要。标准成本的主要作用是衡量工作效率和控制成本。标准成本应有两种含义：一是指"单位产品的标准成本"，它是制定"生均经费基本标准和生均拨款基本标准"的依据；二是指"实际数量的标准成本"，它是根据实际数量和成本标准计算出来的，是控制实际教育成本的依据。

高校标准成本是指培养一名合格大学生的标准支出。而"标准支出"的依据是《普通高等学校本科教学工作水平评估方案（试行）》。具体方法如下：

（一）数量标准法

合格（还不是优秀）高校按中华人民共和国教育部印发的《普通高等学校本科教学工作水平评估方案（试行）》可分为综合、师范、民族院校，工科、农、林院校，语文、财经、政法院校，医学院校，体育院校，艺术院校六类，然后再在各大类中选一典型专业，如农业院校中选农学专业，医学院校中选临床医学专业等。

数量标准的优点是不局限于学校的实际占用或消耗（超编或缺编、资产的闲置和紧缺、费用的浪费和节省等），而只求培养一名合格大学生的必须支出的标准。

（二）开支标准法

开支标准是指工资标准、费用标准等。

（1）工资标准按各层次专业技术人员、各级行政人员的平均工资和津贴等。

（2）学生的奖学金、助学金等按同城或同类院校的平均标准。

（3）设备、物资等采购按政府采购价或市场价。

（4）公用经费开支标准按政府采购价或市场价。

高等教育标准成本的意义，一是作为财政拨款和收费的标准。现在政府不要求测算教育实际成本，而是"人均经费基本标准和学生人均财政拨款基本标准"；二是有利于将实际成本与标准成本对比，其中量差是可控成本，是成本控制的重点，价差为不可控成本，应随时测算。

（三）标准成本法的应用

目前，在高校未实施教育成本核算的前提下，高校标准成本的控制只能在局部项目、某些部门的经费上进行。控制所必需的三个基本条件：①必须确立标准；②必须能得到表示实际结果与标准结果间的偏差的信息；③必须有可能采取措施来纠正实际结果与标准结果间的偏差。因此，高校标准成本的控制，必须将实际成本与标准成本比较，分析出实际成本偏离预定标准的差异，从而对实际成本进行日常控制，采取有效措施消除不利因素，达到降低成本的目的。

标准成本法对账户与报表的要求主要有以下方面：

（1）标准成本法应设"差异"账户。在标准成本法下，对各种差异分别设差异账户单独归集，在年终予以处理，按标准成本的比例分配给期末"产品"。

（2）标准成本法在报表中反映。在标准成本法下，一般只计算"产品"的标准成本，不计算"产品"的实际成本，因此，在资产负债表中以标准成本列示。

由于标准成本法对账户和报表的这些要求，因此，高校目前还不能按规范的标准成本进行控制。如需实施，也可以用备查账簿或辅助记录反映。

第三节　会计在高校应用中的难点及分析

一、高校管理会计难点的理论认知

（一）非营利组织"成果"的形态：服务

任何时候，在消费品中，除了以商品形式存在的消费品以外，还包括一定量的以服务形式存在的消费品，这种"以服务形式存在的消费品"，具有价值和使用价值，是整个消费品中一个重要组成部分。另外，服务这个名词，一般而言，不过是指这种劳动所提供的特殊使用价值，就像其他一切商品也提供自己的特殊使用价值一样；但是，这种劳动的特殊使用价值在这里取得了"服务"这个特殊名称，是因为劳动不是作为物，而是作为活动提供服务的。

另外，使用价值就其形态而言包括两类：一类是"物化、固定在某个物中"的"实物形式的使用价值"；另一类是"随着劳动能力本身活动的停止而消失""不采取实物的形式，不作为物而离开服务者独立存在"的"运动形式"的使用价值。"运动形式"就是服务的使用价值。

（二）学校的"产品"：劳动能力

教育会生产劳动能力，把劳动力或劳动能力，理解为人的身体即活的人体中存在的、每当人生产某种使用价值时就运用的体力和智力的总和。整个"商品"世界可以分为两大部分：第一是劳动能力；第二是不同于劳动能力本身的商品。有一些服务是训练、保持劳动能力，使劳动能力改变形态等的。总之，是使劳动能力具有专门性，或者使劳动能力保持下去的。例如，学校教师的服务、医生的服务——购买这些服务，也就是购买提供"可以出卖的商品"等，即提供劳动能力本身来代替自己的服务，这些服务应加入劳动能力的生产费用或再生产费用。另外，教育所生产的劳动是一种复杂劳动——比较复杂的劳动只是自乘的或不如说是多倍的简单劳动。因此，少量的复杂劳动等于多量的简单劳动。

（三）无实物形态对会计的影响：计量难

学校的"产品"是劳动能力，其通常一经提供随即消失，较少留下某种痕迹，产品同生产行为不能分离。而"能力"是相对单位的业绩而言的，它并不总是可以计量的。因此，会计在要求确认、计量、报告时，无形产品计量难。于是，教育成本和定价难，科研成本和定价也难。

二、管理会计在高校应用中的难点分析

（一）管理会计关键——务实

关于"务实"至少需要明确两个层面的问题：一是中国特色管理会计体系的建设思路要务实。就中国特色管理会计体系建设而言，管理会计的应用无需高深的理论和复杂的模型，因此，总体思路应该是务实的，对实践要有指导作用。二是体系的组成要素要务实。中国特色管理会计理论体系，是指从中国特色管理会计实践中概括出来的，并用来指导中国特色管理会计实践的一个完整的多层次的理论系统，这个理论体系应具备完整性、逻辑性、明晰性和一致性等特点，各个组成部分应该紧密围绕一条主线从不同的角度对这一主线进行阐述，以最终达到这一理论的目标并指导实践。此外，构建中国特色管理会计理论体系时，要有明确的实施路径，能落地实施。

（二）高校管理会计难点的应用实施

1. 管理者应用管理会计的内生动力不足

经济学理论认为，社会资源（又称社会产品）从消费角度划分，可以分为公共产品和私人产品。公共产品是公众收益的物品，是政府向公众提供各种服务的总称；而私人产品是个人或单位受益的物品，是一般生产要素提供者通过市场提供的产品或劳务。社会资源配置的方式主要有市场配置和政府配置两种。私人产品是通过市场机制配置的方式（如企业），公共产品是通过政府配置的方式（如行政事业单位）。由此可见，企业的收入是通过市场在销售产品中取得，而事业单位的收入主要来自财政拨款，这就会使人们造成一种错觉，从而不合理应用。

2. 管理会计与政府管理会计的区别

政府管理会计有大量投资，而高校严格对外投资。《高校会计制度》虽然规定了"对外投资"科目，但高校的投资是有限投资，具体如下：

第一，《关于进一步加强直属高校资金安全管理的若干意见》第五条规定：各校的对外投资（包括对校办产业投资）以及非经营性资产转为经营性资产的经济行为，必须经过严格、科学的可行性论证和专家评议，经学校领导集体讨论决策，并指定责任部门和责任人加强各投资项目的管理，从制度上确保学校资金的安全，确保对外投资的合法收益。同时，各高校必须严格执行原国家国有资产管理局颁发的《事业单位非经营性资

产转经营性资产管理实施办法》（国资事发〔1995〕89号），按规定的程序报批非经营性资产转经营性资产的经济行为；不准将国家财政拨款、上级补助收入和维持事业正常发展，保证事业任务的资产转为经营性资产。

各高校必须严格执行教育部教财〔2004〕13号文件，严禁继续从事股票投资和其他风险性债券投资业务。各高校须认真清理各项对外投资，对手续不全的投资项目及时补办相关手续；对经营不善、管理混乱、出现亏损的投资项目，须采取切实有效的措施加以清算，避免国有资产流失；对以前从事的股票及风险性债券投资业务，应立即停止并妥善处理，防止投资风险转变为投资损失或继续扩大损失。各高校必须严格遵守《中华人民共和国担保法》的有关规定，不得为任何单位（含校办产业）或个人的经济活动提供担保。已经提供担保的，应认真进行清理，避免形成经济损失。

高等学校的对外投资（包括对校办产业投资）必须经过严格、科学的可行性论证和专家评议，经学校领导集体讨论决策，并按国有资产管理有关规定报主管部门和财政部门批准或备案后实施。高等学校应指定责任部门和责任人加强各投资项目的管理，确保对外投资的安全与合法收益。高等学校不得从事股票投资和其他风险性债券投资业务。对过去发生的股票及风险性债券投资业务应妥善处理，防止投资风险转化为投资损失或继续扩大损失。

3. 管理会计与企业管理会计的区别

企业管理会计重视"增强价值创造力""价值管理系统""价值链""从利润最大化转向股东价值最大化"等，如《财政部关于全面推进管理会计体系建设的指导意见》指出："企业当前所处国际国内市场竞争和外部环境正在发生深刻变化，要求建立、完善现代企业制度，增强价值创造力已经成为企业一种内在需要……这就要求财政部门顺时应势，大力发展管理会计，促进各单位加强内部管理，促进各企业提升价值创造力。"而高校管理会计是非营利组织，不可能创造价值，不能追求价值最大化，高校只能在节约费用（成本）方面下功夫。

参 考 文 献

[1]李长山.现阶段我国高校财务管理的若干问题研究[M].北京：北京理工大学出版社，2017.

[2]蒋尧明.现代会计理论研究[M].北京：中国财政经济出版社，2010.

[3]张曾莲.高校财务管理创新研究[M].北京：经济管理出版社，2016.

[4]乔春华.高校管理会计研究[M].南京：东南大学出版社，2015.

[5]耿晓霞，刘丕平，安爽，等.高等学校财务管理改革创新研究[J].教育财会研究，2021，32（2）：24-27.

[6]张语涵.会计与财务管理的区别与联系分析[J].中国商论，2021（4）：162-165.

[7]姜雪梅.财务管理的睿智[J].会计之友，2014（15）：123-125.

[8]李慧琼.促进学校财务管理与"互联网+"密切融合的途径[J].中国经贸导刊，2017（8）：65-66.

[9]王同孝.高等学校多校区财务管理实践性思考[J].会计之友，2012（2）：4-7.

[10]赵雄辉.论民办学校财务管理政策的完善[J].当代教育论坛，2010（19）：65-68.

[11]闫大波，任淑红，姜明文.高等学校财务管理内部控制制度的建立[J].高等农业教育，2013（3）：88-90.

[12]盛中民.高等学校成本管理研究——以高等学校新财务和会计制度为视角[J].会计之友，2016（13）：65-67.

[13]冉茂盛，曹梦菲，薛友丽.高等学校校办企业财务管理问题及对策——基于高校企业集团财务审计的分析[J].现代管理科学，2010（8）：27-29.

[14]王乃焜.高等学校科研财务助理队伍建设和管理体系探究[J].财会研究，2017（6）：68-70.

[15]陈爱萍，沈新华，谢鹏.对学校财务管理系统优化设计的探讨[J].会计之友，2014（12）：110-111，112.

[16]欧阳玲.高等学校财务管理信息化的现实思考[J].教育财会研究，2011，22（3）：15-17.

[17]杨蓉.高等学校院系财务管理研究：基于信息化视角[J].教育财会研究，2015，26（6）：3-9.

[18]胡服，徐冉，胡艺.再谈我国高校会计基础工作[J].教育财会研究，2021，32（1）：

21-25，30.

[19]王喆，晁玉方.制度理论下高校会计核算中的问题与建议[J].财会通讯，2021（13）：173-176.

[20]鲁忆，程丽.论高校会计制度改革[J].会计之友，2013（2）：122-123.

[21]施建平，李敏.高校会计基础工作规范研究[J].教育财会研究，2016，27（4）：84-87.

[22]梁乔.论民办高校会计制度的建设[J].商业会计，2017（16）：118-119.

[23]李煜均.高校会计人才队伍建设机制研究[J].教育财会研究，2019，30（4）：92-94.

[24]乔春华.论高校会计与财务的复杂性[J].会计之友，2014（36）：97-101.

[25]许淼，王长建.政府会计制度下高校会计档案管理策略与趋向[J].兰台世界，2020（12）：108-109，113.

[26]顾园，唐超，吴君民.高校会计核算问题及对策研究[J].会计之友，2015（15）：121-122.

[27]王敬.探讨高校会计专业实践教学改革与创新策略[J].福建茶叶，2020，42（3）：175.

[28]王大勇，魏锡政，吴永立.完善我国民办高校会计核算制度的对策[J].河北师范大学学报（教育科学版），2012，14（2）：61-64.

[29]孙兵.浅析高校会计制度的改革[J].中国经贸导刊，2010（24）：101.

[30]赵建新.新时代高校会计队伍和能力建设的研究[J].教育财会研究，2019，30（6）：3-6.

[31]许迪辉.高校会计制度与企业会计制度的比较分析[J].商业会计，2016（18）：96-97，98.

[32]张庆雷.高校会计专业的人才培养模式研究[J].中国商论，2017（16）：186-187.

[33]路秀平.高校会计信息化建设问题研究[J].会计之友，2010（30）：46-47.

[34]弓秀玲.论高校会计核算的特点和注意事项[J].会计之友，2011（28）：62-64.

[35]刘锐军，孙雅静.高校会计核算标准化建设探析[J].商业会计，2018（3）：55-57.

[36]石艳萍，李萍，刘波.高校会计信息系统内部控制研究[J].会计之友，2013（11）：119-122.